Steffen Anton

Von der Wüste an die Küste

Zwei Wochen durch die USA

Erste Ausgabe 2013
Umschlagfoto: Steffen Anton
Autorenfoto: Richard Waltrich
Landkarte mit freundlicher Genehmigung von
landkartenkostenlos.blogspot.de

ISBN: 978-1-291-69398-0

back to where we started

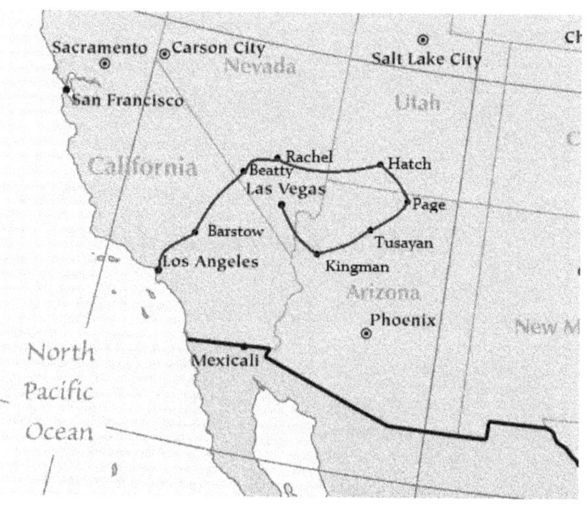
Sacramento
Carson City
Nevada
Salt Lake City
San Francisco
Utah
California
Rachel
Beatty
Hatch
Las Vegas
Page
Barstow
Tusayan
Los Angeles
Kingman
Arizona
Phoenix
North
Pacific
Ocean
Mexicali

Vorwort

„Diamanten in der Wüste“ ist der Titel des Buches, welches nach unserem USA-Urlaub 2011 entstanden ist. Als Ergänzung hierzu wird nun der Nachfolgeband vorgelegt, in dem berichtet wird, wie wir zwei Jahre später wieder in die Vereinigten Staaten zurückgekehrt sind, um die noch offenen Lücken zu schließen. Es war ursprünglich nicht geplant, auch diesen Text zu veröffentlichen. Aber wie das nun einmal so ist, er wuchs und wuchs, und irgendwann hat er sich quasi verselbständigt.

Der Leser, der uns bis hierher treu gewesen ist, wird sich sofort wieder zurechtfinden, und darf uns nun erneut auf unserer abenteuerlichem Reise begleiten.

Steffen Anton, im Januar 2014

Inhalt

Kapitel 1 – Reisevorbereitungen

Wer meinen Reisebericht aus dem Jahr 2011 gelesen hat, der weiß, das dieser Urlaub im Südwesten der Vereinigten Staaten der bis dahin beste in meinem Leben gewesen war. Nicht nur hatte ich dort einen bis dahin nie da gewesenen Hauch von Abenteuer und Freiheit erlebt. Ich hatte auch die Weichen für mein zukünftiges Leben gestellt, und meiner Freundin Dani in Las Vegas einen Heiratsantrag gemacht.

Nach unserer Rückkehr war uns also klar, dass wir das Wagnis Vermählung irgendwann in den nächsten zwei Jahren angehen würden. Im Laufe der Zeit kristallisierte sich immer mehr der Sommer 2013 heraus. Bis dahin hätten wir noch genügend Zeit für unsere Vorbereitungen, um alles für ein gelungenes Fest zu tun.

Nun steht mit dem Thema Hochzeit immer auch eine weitere Sache im Raum, die geklärt werden muss, und zwar: Wohin geht es in den Flitterwochen? Die meisten Menschen bevorzugen hier einen klassischen Strand-Urlaub, bei dem man nicht viel mehr zu tun hat als faul in der Sonne zu liegen, und sich den einen oder anderen Cocktail schmecken zu lassen. Eine Zeitlang zogen wir diese Möglichkeit ebenfalls in Betracht, Ziele wie die Malediven und die Dominikanische Republik schwirrten uns durch die Köpfe.

Betrachtet man jedoch die Wehmut, mit der wir aus den USA vor zwei Jahren zurück gekehrt waren – immerhin war uns bewusst, dass solch eine Reise so schnell nicht wieder kommen würde in unserem Leben – ist es nicht verwunderlich, dass wir irgendwann wieder anfingen zu schwärmen, von den großen Weiten und bizarren Wüstenlandschaften, von Motels und Burgerläden. Alles in allem war es natürlich auch eine Preisfrage, und so kalkulierten wir mehrere Möglichkeiten einmal durch. Wir kamen zu dem Schluss, dass bei einer erneuten USA-Reise das Preis-Leistungs-Verhältnis wesentlich besser sein würde, als bei einem Urlaub am Strand. Zudem gab es ja noch einige Ziele, die wir beim letzten Mal aus Zeitmangel nicht angesteuert hatten. Das heißt, selbst wenn wir uns erneut in den Südwesten begeben würden, würde uns garantiert nicht langweilig werden.

Mit diesen Prämissen ausgestattet, begaben wir uns deshalb im Dezember 2012 erneut in das altbekannte Reisebüro des ADAC, um dort alles in die Wege zu leiten. Leider stellte sich jedoch heraus, dass unsere kompetente Ansprechpartnerin vom letzten Mal nicht anwesend war, weshalb wir mit einer anscheinend neuen Mitarbeiterin Vorlieb nehmen mussten. Ihre Inkompetenz gepaart mit unserer eigenen Unsicherheit, wo genau die Reise denn eigentlich hingehen sollte, führte dazu, dass wir nach einer Stunde unbefriedigt den Laden wieder verließen. Unsere weitere Planung sah daher vor, dass wir uns zunächst im Internet selbst schlau machen würden, um gegebenenfalls noch einmal ein anderes Reisebüro zu versuchen.

Neben dem Südwesten stand nämlich erneut die Ostküste der USA, beginnend im Norden, im Fokus. Von Neuengland wollten wir über New York bis herunter nach Florida fahren, um dort einige Tage am Strand zu verbringen. Das stand nämlich bereits fest: am Ende unserer Reise wollten wir das Klischee der Flitterwochen doch noch erfüllen, um uns von den vorangegangenen Strapazen auszuruhen.

Gegen den Ostküsten-Plan sprach jedoch einiges: Zum einen war es eine riesige Strecke, die wir würden in kurzer Zeit bewältigen müssen. Wenig Zeit also, um sich Dinge in Ruhe anzuschauen. Zum anderen hatte ich davon gehört, dass man nicht einfach in Massachusetts einen Mietwagen nehmen kann, und diesen in Florida wieder abgeben, zumindest nicht ohne eine saftige Gebühr zu zahlen. Anders als an der Westküste, gibt es wohl hier kein solches Abkommen zwischen den Bundesstaaten.

Daher hatten wir uns bereits vor unserem zweiten Versuch, in ein Reisebüro zu gehen, darauf geeinigt, dass wir erneut in den Südwesten fliegen würden. Zudem wir ja wie bereits erwähnt noch nicht alles gesehen hatten, und einige andere Dinge als durchaus zweimal betrachtenswert erachteten.

Und so kam es, dass wir Anfang 2013 bei einer freundlichen und dieses mal auch kompetenten Dame von TUI saßen, und sich der Ablauf der Reise immer mehr herauskristallisierte. Als Hommage an unsere Verlobung würde unsere erste Station dieses Mal Las Vegas heißen. Im Gegensatz zum letzten Mal würden wir jedoch nun ein Hotel direkt am sogenannten „Strip“ buchen, also an der wichtigsten Vergnügungsmeile. Dies würde uns die langen Fußwege ersparen, die uns noch in schlimmer Erinnerung geblieben waren. Mit dem auf Mittelalter getrimmten „Excalibur“ trafen wir dann eine Wahl, die zum einen eine sehr günstige Übernachtung versprach, und zum anderen mit einem echten Ritterturnier als Attraktion aufwarten konnte – etwas dass wir uns aufgrund unseres Hobbys sicherlich nicht durch die Lappen gehen lassen wollten.

Nachdem wir auch noch den Mietwagen – wie beim letzten Mal wieder ein SUV, also ein kleiner Geländewagen – und den Flug von München über Atlanta nach Las Vegas gebucht hatten, konnte nun mein Teil der Aufgabe beginnen: den Rest der Route planen.

Im Gegensatz zu 2011 würden wir dieses Mal nur zwei Wochen in den USA sein. Dies ist der Tatsache geschuldet, dass ja direkt vor dem Urlaub unsere Hochzeit stattfand, und wir danach noch einige Tage brauchen würden, um unseren Jetlag auszukurieren. Dieser hatte uns beim letzten Mal wirklich extrem zu schaffen gemacht, wir waren noch nächtelang im Bett gelegen und hatten Probleme mit dem Einschlafen gehabt.

Deshalb stand von Anfang an fest, dass die Tour nicht ganz so ausladend werden würde, wie zwei Jahre zuvor. Aber das brauchte sie ja auch nicht, wir hatten schließlich schon eine ganze Menge gesehen, und dieser Urlaub würde lediglich so etwas wie ein „Revival" werden, um nochmal einige Highlights anzuschauen und eventuell vorhandene Lücken zu schließen. Diese leicht nostalgische und wehmütige Stimmung zog sich, zumindest bei mir, durch unseren kompletten Aufenthalt.

Mit Freude und Elan stürzte ich mich auf die Routenplanung, denn ich hätte nicht gedacht, dass ich so schnell wieder dieses Vergnügen haben würde. Mir war klar, dass sowohl der Grand Canyon als auch der Bryce Canyon unbedingte Bestandteile unserer Reise sein müssten. Beide hatten wir zwar auch 2011 besucht, sie waren jedoch aus verschiedenen Gründen zu kurz gekommen. Auch in mein geliebtes Rachel, mitten in der Wüste von Nevada nahe der berühmten Area 51 gelegen, wollte ich wieder zurückkehren. Zu guter Letzt war da noch das Death Valley, das

Tal des Todes, in Kalifornien. Dieses hatten wir auf unserer vorigen Reise, obwohl ursprünglich geplant, ersatzlos gestrichen. Und natürlich hatte ich unsere paar Tage am Strand nicht vergessen, am Ende unserer Reise. Hierzu war natürlich Los Angeles mit Malibu und Venice Beach geradezu ideal geeignet. Ein Bekannter hatte mir hier auch bereits ein sehr gutes, wenn auch teures Hotel, direkt am Strand von Venice gelegen, vorgeschlagen.

Mit diesen Punkten im Kopf machte ich mich also an die Arbeit, und tatsächlich gelang es mir, eine Route zu entwickeln, die alle genannten Stationen beinhaltete, und uns zwischendurch sogar immer wieder Zeit zum Verschnaufen lassen würde.

Das Hotel in Los Angeles, sowie das „Little A'Le'Inn“ in Rachel buchten wir vorsichtshalber wieder vorab über das Internet, das in Las Vegas hatten wir ja bereits im Reisebüro gebucht. Alle anderen Übernachtungen würden wieder spontan vor Ort organisiert werden, etwas, dass ich bei unserer letzten Reise kennen und lieben gelernt hatte. Es gibt nichts schöneres, als in einem schmierigen Motel mitten in der Wüste mit einem zwielichtig aussehenden Menschen den Preis eines Motelzimmers zu verhandeln. Das war für mich ein Teil des „American way of life“.

Zur weiteren Vorbereitung gehörte auch die sogenannte „ESTA-Registrierung“, die man als Ausländer in den USA vor der Einreise zwingend machen muss. Hier hatten wir jedoch Glück – wir hatten uns ja bereits im Sommer 2011 registriert, und die Gültigkeit beträgt zwei Jahre. Genau zwei Tage nach unsrer Rückkehr würde sie erst ablaufen, perfektes Timing also!

Nun, da also alles in die Wege geleitet war, konnten wir uns entspannt zurücklehnen, und auf den Urlaub warten. Wobei – so sehr konnten wir uns auch nicht entspannen, schließlich war da ja noch eine Hochzeit zu planen und vorzubereiten. Deshalb verging die sonst so lästige Wartezeit auf den Urlaub dieses Mal wie im Fluge, und ehe wir uns versahen, war die Hochzeit da – und auch schon wieder vorbei. Aber das ist eine andere Geschichte.

Kapitel 2 – Der Flug nach Las Vegas

Der Tag unserer Abreise, der 25.06., war endlich gekommen. Die Koffer waren gepackt, ich hatte uns am Tag zuvor in der Bank noch mit einigen Dollars Bargeld versorgt, und die Fütterung unserer beiden Katzen während unserer Abwesenheit war ebenfalls sicher gestellt. Zum Flughafen nach München würde uns erneut Danis Vater bringen. Da unser Flieger erst um kurz vor zehn Uhr starten würde, brauchten wir uns nicht ganz so in Stress zu bringen, wie beim letzten Mal. Und so fuhren wir gegen sechs Uhr morgens von daheim los. Es war ein Dienstag, und was wir nicht bedacht hatten, war die sogenannte „Rush Hour", wenn alle zur Arbeit fahren. Aufgrund dieser Tatsache und des damit verbundenen erhöhten Verkehrsaufkommens dauerte es doch eine ganze Weile, bis wir am Flughafen ankamen. Wir schafften es jedoch trotzdem bequem, einzuchecken, und unseren Flieger zu beziehen. Erwartungsfroh nahmen wir Platz, und machten es uns so bequem wie möglich. Schließlich würden wir die nächsten zehn Stunden hier verbringen auf unserem Flug nach Atlanta, welches als

Zwischenstation dienen würde auf unserem Weg zu unserem endgültigen Ziel Las Vegas.

Ich war im Hinblick auf das, was uns erwartete, wesentlich entspannter, als noch beim letzten Mal. Sowohl die fremde Sprache, als auch der Straßenverkehr und die Organisation unserer Aufenthalte ließen mich relativ kalt, hatten wir doch nun schon einiges an Erfahrung im Hinblick auf diese Dinge. Im Gegenteil, ich konnte es kaum erwarten, endlich amerikanischen Boden unter den Füßen zu haben.

Während des Fluges genossen wir wieder sämtliche Annehmlichkeiten an Bord, zu denen insgesamt zwei größere Mahlzeiten, und ein Multimedia-Unterhaltungssystem gehörten. Die Zeit verbrachte ich mit dem Anschauen einiger Filme, darunter den Pixar-Klassiker „Wall-E". Und so erreichten wir ein paar Stunden und einige tausend Kilometer später tatsächlich die Stadt Atlanta, im Bundesstaat Georgia. Der Flughafen hier ist einer der größten Luftfahrtknotenpunkte der Welt, kein Wunder also, dass wir gerade hier umsteigen mussten.

Dass wir uns in einem der klassischen „Südstaaten“ befanden, merkten wir an der schwül-warmen Luft, die uns beim Aussteigen entgegenschlug, sowie an den fast ausschließlich schwarzen Flughafenmitarbeitern. Die meisten von ihnen, sowohl am Zoll als auch an der Passkontrolle, waren recht mürrische Zeitgenossen. Der erste freundliche Mann war ein Angestellter, der uns den Weg zum Terminal erklärte, von dem unser Anschlussflug nach Las Vegas gehen würde. „Es muss fast eine Meile sein bis dahin.“ Das waren seine Worte. Dass er nicht nur scherzte, merkten wir recht bald. Dies war uns aber durchaus recht, und so legten wir den Weg gern zu Fuß zurück, anstatt, wie die meisten, die flughafeneigene „Tram“ zu nutzen. Unterwegs kamen wir durch lange Gänge, in denen eine Ausstellung über die bewegte Geschichte der Stadt zu sehen war. Schlussendlich bei unserem Terminal angekommen, mussten wir feststellen, dass unser Flug geschlagene zwei Stunden Verspätung haben würde. Anstatt der angekündigten vier Stunden hatten wir nun sechs Stunden Aufenthalt! Dies war wahrhaft keine verlockende Aussicht, aber nun leider nicht zu ändern. Nach einer Weile bekamen wir Hunger, und so besorgten wir uns die erste Mahlzeit auf amerikanischem Boden in einem kleinen McDonald's und nahmen diese anschließend im Wartebereich ein.

Unser gemeinsamer Freund Sebbi, welcher schon bei unserer letzten USA-Reise zufällig in der gleichen Gegend Urlaub gemacht hatte, war übrigens am selben Tag geflogen, wie wir, jedoch aus Stuttgart. Er befand sich ungefähr zur gleichen Zeit wie wir am Flughafen von Atlanta, und nur dessen schiere Größe hielt uns von einem kurzem Treffen mit ihm ab.

Wir hatten uns zum Glück auch etwas Reiselektüre mitgenommen, und so verbrachten wir einen Teil der Wartezeit mit lesen, in meinem Fall handelte es sich um das Buch „Die Augen des Drachen“ von Stephen King, welches sich zwar schon lange in meinem Besitz befand, ich jedoch bisher noch nie gelesen hatte.

Dann endlich, gegen 20 Uhr Ortszeit, konnten wir an Bord der Maschine gehen. Dieser zweite Flug dauerte zwar nur knapp vier Stunden, schien jedoch nicht vergehen zu wollen. Dies lag vielleicht auch daran, dass einige Familien mit sehr kleinen Kindern an Bord waren, welche ununterbrochen schrien. Warum man mit diesen unbedingt eine Flugzeugreise machen musste, konnten wir beim besten Willen nicht verstehen.

Der Luxusfaktor an Bord hielt sich auch, da es sich um einen Inlandsflug handelte, in Grenzen, weswegen wir wirklich froh waren, als die Reise sich ihrem Ende entgegen neigte. Wir merkten nun auch, wie erschöpft wir waren, immerhin waren seit unserer Abreise in Dietenheim circa 24 Stunden ohne nennenswerten Schlaf vergangen.

Im Sinkflug über Las Vegas bemerkten wir als erstes das schier unendliche Lichtermeer der Stadt, und sahen wie einen großen beleuchteten Speer den „Stratosphere Tower“ aufragen, den Ort unserer Verlobung. Er schien uns begrüßen zu wollen - „Welcome back to where it all began!“ Nun konnte unser „Abenteuer USA“ also richtig losgehen!

Am Flughafen ging dieses Mal alles recht schnell, die Einreiseformalitäten hatten wir ja alle schon in Atlanta erledigt. Nachdem wir unsere Koffer vom Band gefischt hatten, begaben wir uns deshalb, vorbei an zahlreichen Spielautomaten als Vorboten der Glücksspielermetropole, in Richtung

Ausgang. Dort hatte ich nämlich ein Schild entdeckt, welches uns zu den Mietwagen Shuttles bringen würde. Wir hatten unseren Wagen vom ersten bis zum letzten Tag gebucht, würden ihn also am Ende unsrer Reise in Los Angeles wieder abgeben.

Jetzt war jedoch der Anfang der Reise, und deshalb hieß es, so schnell wie möglich in Richtung „Alamo Rent a Car". Draußen warteten tatsächlich einige Busse, welche uns zum Mietwagenzentrum der Stadt bringen würden. Nach einer kurzen Fahrt standen wir dann auch tatsächlich bei der Firma Alamo in einer Schlange, und warteten, bis wir an der Reihe waren. Alles lief sehr schnell und geordnet ab, ganz im Gegensatz zu unseren Erfahrungen in San Francisco. Dies lag auch sicher daran, dass sich ständig vier bis fünf Angestellte um den Andrang kümmerten. In Anbetracht der fortgeschrittenen Uhrzeit, immerhin war es mittlerweile 21:30 Uhr Ortszeit, war dies erstaunlich und lobenswert.

Minuten später erklärte uns ein freundlicher Herr die Vertragsmodalitäten, und zeigte uns den Weg zu unserem Wagen. Wir hofften inständig, wieder einen „Ford Escape" zu bekommen, möglichst auch wieder mit Satellitenradio. In der Parkgarage standen uns dann jedoch lediglich ein schwarzer Honda, bei dem das hintere Kennzeichen fehlte, und ein beigefarbener Jeep zur Verfügung. Wir entschieden uns natürlich für den Jeep, auch wenn dieser weder über Satellitenradio, noch über einen USB-Anschluss zum Laden meines I-Phone verfügte. Dieser war insofern wichtig, da wir auf dem Handy unsere Navigationssoftware hatten, ohne die eine Orientierung fast unmöglich wäre. Aber darüber machten wir uns vorerst einmal keine Gedanken. Viel schlimmer war, dass die Navigations-App ohne Internet-Update anscheinend überhaupt nicht funktionieren wollte. Wir würden unseren Weg zum Hotel also nun anderweitig finden müssen, und uns morgen um dieses Problem kümmern. Das fing ja gut an. Ich hoffte, dass dies kein böses Omen für den restlichen Verlauf des Urlaubs sein würde.

Der „Strip“ in Las Vegas ist die größte und am besten beleuchtetste Straße, daher fanden wir uns auch ohne Navigation recht schnell hier hin. Und auch unser Hotel, das „Excalibur“, ist wegen seinen an ein Schloss erinnernden Türmchen relativ leicht zu finden. Ein viel größeres Problem stellte die nun folgende Suche nach einem Parkplatz dar. Wie sich herausstellte, verfügt das

Hotel nämlich nur an eine begrenzte Anzahl an eben diesen, was uns schier in den Wahnsinn trieb. Immer wieder kurvten wir in dem Komplex herum, fuhren alle Seiten des Hotels ab, und waren kurz davor, endgültig zu verzweifeln. Schon jetzt verteufelte ich das Hotel, und wünschte mich zurück in das „Golden Nugget“, wo wir zwei Jahre zuvor abgestiegen waren. Dieses verfügt nämlich über ein geräumiges Parkhaus. Aber es nützte nichts, wir mussten hier etwas finden. Irgendwann fuhr dann jemand aus einer Parkreihe heraus, welche jedoch aus PKW bestand, die allesamt quer hinter den normal parkenden Autos standen. Dass dies sicher nicht zulässig war, konnten wir uns denken. Wir entschieden uns jedoch, den Wagen hier kurzzeitig abzustellen, erst einmal einzuchecken, und uns im Hotel nach eventuellen Alternativen zum Parken zu erkundigen.

Trockene, und für diese Uhrzeit erstaunlich heiße Luft schlug uns entgegen, als wir das Auto verließen. Das war mir bei unserer letzten Reise hierher nicht so extrem vorgekommen. Jedoch waren wir auch dieses Mal ganze drei Monate früher hier, und es war Hochsommer. Kaum hatten wir aber das Hotel beziehungsweise Casino betreten, änderte sich die Temperatur schlagartig. Die Amerikaner haben nämlich die Angewohnheit, mit ihren Klimaanlagen während des Sommers sämtliche Räume extrem herunter zu kühlen, ein Umstand, der mir ein paar Tage später noch zum Verhängnis werden sollte. Dazu jedoch an anderer Stelle mehr.

Wir befanden uns also nun im „Excalibur“, umgeben von unzähligen klimpernden Automaten und Spieltischen, und kämpften uns zur Rezeption durch. Etwas das mir außer der Kälte sofort auffiel, war der seltsame Geruch im Hotel. Fast wie Teppichreiniger oder Raumerfrischer mutete er an, auf jeden Fall jedoch äußerst künstlich. Dieser Geruch war mir zwei Jahre zuvor nicht aufgefallen, in den nächsten Tagen stellte sich jedoch heraus, dass er in anderen Hotels ebenfalls vorhanden war. Da jedes Hotel in Las Vegas mit dicken Teppichen ausgelegt ist, denke ich, dass meine erste Vermutung auch die richtige war.

Das Motto unseres Hotels ist, wie zuvor schon angedeutet, das europäische Mittelalter. Und so kamen wir an vielen Dekorationselementen vorbei, die an diese Epoche erinnerten. Alles hatte jedoch einen sehr märchenhaften, amerikanisch-kitschigen Touch.

Endlich an der Rezeption angekommen, erfuhren wir von einem nicht gerade freundlichen Angestellten, dass die Parkplätze, die wir gesehen hatten, die einzigen seien, und dass wir eben warten müssten, bis einer frei würde. Und nein, wir könnten da wo wir jetzt standen, auf keinen Fall stehen bleiben, sonst würden wir abgeschleppt werden. Also blieb uns nichts anderes übrig, als erst einmal unseren Zimmerschlüssel in Empfang zu nehmen, und uns dann wieder zu unserem Auto zu begeben, um die Suche fortzusetzen.

Unser Glück schien jedoch zurückgekehrt zu sein, denn bereits nach kurzer Zeit, wir konnten es erst gar nicht fassen, sahen wir eine freie Parklücke. Nachdem wir diese bezogen hatten, brachten wir unser Gepäck auf das Zimmer, und fielen erschöpft auf das Bett. Der Raum war in Anbetracht des geringen Preises durchaus komfortabel, und auch hier hatten die Erbauer versucht, dem Mittelalter-Motto treu zu bleiben.

Doch das war uns jetzt alles einerlei, denn bereits nach kurzer Zeit waren wir tief und fest eingeschlafen.

Kapitel 3 – Der erste Tag in Las Vegas

Ausgeruht, aber hungrig erwachten wir am nächsten Tag – unserem ersten in den USA! Unser Plan sah vor, als erstes irgendwo etwas zu essen und zu trinken zu besorgen, nach Möglichkeit einen Internet Hotspot zu suchen um unser Navi zu updaten, und dann ein wenig die Stadt zu erkunden.

Nachdem wir uns frisch gemacht hatten, verließen wir deshalb das Hotel. Draußen war es nun noch wesentlich heißer als gestern Abend, fast unerträglich brannte die Sonne auf uns herunter. Wir überquerten die Straße, und fanden dort einen kleinen Laden, in dem wir uns Wasser besorgten. Da es jedoch kein richtiger Supermarkt war, fragte ich die Verkäuferin, wo ich einen solchen finden würde. Ein wenig die Straße herauf, direkt nach dem Hotel „MGM Grand", war ihre Antwort. Also begaben wir uns in genau diese Richtung.

Zuvor jedoch machten wir noch einen kleinen Abstecher in dieses wohl berühmteste Hotel der Stadt, wenn wir schon einmal in seiner Nähe waren. Im Inneren erwartete uns eine riesige

Lobby, und so viel Las-Vegas-typischer Prunk, wie wir ihn bisher noch nie gesehen hatten. Eine mit goldener Farbe dekorierte Treppe führte ins nächste Geschoss, und rund herum waren neben den üblichen Spielautomaten die verschiedensten Läden und Restaurants angeordnet.

Wir hatten bisher noch nichts gefrühstückt, und so begaben wir uns in der Hoffnung auf leckeren Kaffee und ein paar Snacks, sowie kostenloses Internet als erstes zum „Starbucks". Letzteres war zwar leider doch nicht vorhanden, dennoch tat uns diese kleine Pause und Stärkung sehr gut. Anschließend schauten wir noch im „Rainforest Cafe" vorbei, welches schon beim Betreten des Hotels unsere Aufmerksamkeit erregt hatte. Hier konnte man allerlei Dinge erwerben, welche mehr oder weniger das Thema Regenwald aufgreifen, und vom Erlös kam sicher einiges dem Schutz dieses einzigartigen Ökosystems zugute. Die Einrichtung des Ladens war wirklich sehr nett gemacht, überall plätscherte und zwitscherte es, so dass man sich wirklich ein wenig wie im brasilianischen Urwald vorkam. Wir erwarben hier einige unserer ersten Mitbringsel, sowie jeder für sich noch ein paar Flip Flops.

Auf unserem weiteren Weg durch das weitläufige Hotel wurden wir schließlich bei der Suche nach W-Lan fündig. Sofort startete ich die Navigationssoftware, um die nötigen Downloads zu starten. Wir durften uns nun aber nicht mehr allzu weit von unserem Standort entfernen, um die Verbindung nicht zu gefährden. Also setzten wir uns in die nächstbeste Bar, und ließen uns einen Cocktail schmecken. Morgens vor 12, direkt nach dem Frühstück ein alkoholisches Getränk – so etwas geht nur in Las Vegas!

Die Downloads liefen äußerst schleppend, weshalb wir uns, nachdem wir leer getrunken hatten, entschieden, diese vorerst zu stoppen, und unsere Erkundung fortzusetzen.

Ein paar Meter weiter gab es einen Laden, in dem Fanartikel zu berühmten Filmen und Serien verkauft wurden. Hier erwarb ich ein T-Shirt, auf dem Barney Stinson abgebildet war. Diese Figur aus der Serie „How I met your mother" besitzt einen wahren Kultstatus, und irgendwann ein paar Jahre zuvor hat jemand aus meinem Bekanntenkreis die Feststellung gemacht, dass ich diesem Mann ähnlich sehen würde. Seitdem wurde ich sehr oft darauf angesprochen, und hatte in diesem Zusammenhang sogar schon einen Auftritt im Fernsehen. Doch das ist eine andere

Geschichte. Nun jedoch hatte ich dieses Shirt gesehen, und musste es einfach haben.

Wir machten noch einen Abstecher zur äußerst luxuriösen Pool-Anlage des Hotels, und entschieden uns dann, unseren Weg zum Supermarkt fortzusetzen. Wir waren jedoch mittlerweile weit von dem Eingang entfernt, zu dem wir herein gekommen waren. Der nächste Ausgang führte uns nun hinter das Hotel, auf die komplett andere Seite. Wir beschlossen dennoch, hier heraus zu gehen, und einmal außen herum dann in unserer alten Richtung weiter zu gehen. Dass diese Entscheidung nicht die allerbeste war, merkten wir leider zu spät. Das Hotelgrundstück erwies sich als wahrhaft riesig, und so mussten wir vorbei an der Parkgarage, vorbei an zahlreichen Lieferanteneinfahrten einen sehr großen Bogen gehen, um wieder halbwegs in die richtige Richtung zu kommen.

Mehrere Querstraßen und mindestens einen Kilometer später waren wir nun wieder am „Strip“, also der Hauptstraße angekommen, und mussten nun sogar ein kleines Stück zurück laufen, um endlich zu unserem ursprünglichen Ziel, dem Supermarkt, zu kommen.

Der Laden gehörte zur Kette „Walgreen“, welche uns noch von unserer letzten Reise bestens bekannt war. Dani wartete draußen, während ich im Markt Brot, Nutella und Zahnbürsten besorgte.

Da wir mit den bisherigen Aktionen doch einiges an Zeit vertan hatten, wollten wir uns nun langsam auf den Rückweg zum Hotel machen, um den Nachmittag am Pool zu verbringen. Wir waren noch nicht weit gekommen, als wir von einer Frau angesprochen wurden. Dies war eine folgenschwere Begegnung, wie sich noch herausstellen würde. Sie fragte uns, wie lange wir noch in Vegas sein würden. Ich ließ mich auf ein kurzes Gespräch ein, ohne zu ahnen, dass dies noch weitreichende Konsequenzen haben würde. Ob wir schon irgend welche Shows angeschaut hatten oder noch anschauen würden, wo wir denn herkämen, all diese Dinge wollte die Dame wissen. Ja, antworteten wir, das Ritterturnier im Hotel Excalibur wollten wir anschauen. Sie bat uns, kurz mitzukommen, denn ihr Kollege hätte da ein sehr attraktives Angebot für uns. Wir wurden in ein kleines, an einen Blechcontainer erinnerndes Gebäude gebracht, und ein Mann namens Nick begrüßte uns. Er stellte noch einmal die gleichen Fragen, und wollte dann wissen, ob wir verheiratet seien. Wir bejahten dies, worauf er uns folgendes anbot: Er könnte uns Karten für das Ritterturnier für 20 Dollar anstatt 59 Dollar pro Person besorgen. Alles, was wir dafür tun müssten, wäre, ihm ein wenig unserer Zeit zu schenken. Wir würden morgen mit einer Luxuslimousine abgeholt werden, würden ein wenig in der Stadt herum kommen, ein paar schöne neue Hotels besichtigen, und zwei Mahlzeiten umsonst bekommen. Alles in allem würde es circa 3 Stunden dauern, und als Belohnung würden wir unsere Eintrittskarten bekommen. Ich fragte ihn, wo der Haken bei der ganzen Sache sei. Es gäbe keinen, war seine Antwort. Nach kurzer Rücksprache mit Dani, entschieden wir uns, sein Angebot anzunehmen, obwohl uns ein wenig flau war, da wir nicht wussten, was genau uns erwarten würde. Die 40 Dollar für die Karten gab ich ihm gleich in bar, und wir gingen mit der Vereinbarung auseinander, dass wir morgen früh um 10 Uhr wieder hier sein würden, wo wir abgeholt werden würden.

Nach dieser seltsamen Begegnung gingen wir nun endgültig zurück in Richtung Excalibur, vorbei am Hotel „New York New York", welches mit detailgetreuen Nachbildungen der Freiheitsstatue und der Brooklyn Bridge ausgestattet ist. Kurz darauf fanden wir uns am Pool unseres Hotels wieder, jeder ausgestattet mit einer Flasche kühlen Budweiser Biers, in Anlehnung an unsere Reise vor zwei Jahren.

Eine gute Stunde später, es war mittlerweile bald Abend, bekamen wir Hunger, und begaben uns deshalb auf unser Zimmer, zogen uns um, und machten uns auf die Suche nach einem geeigneten Restaurant.

Das hoteleigene Steak-House erwies sich als sehr teuer, weshalb wir uns für das „Excalibur Buffet" entschieden, wo wir uns für einen moderaten Preis selbst bedienen konnten, um so viel zu essen, wie wir wollten. Hier gab es von Sushi über Pizza und Pasta alles was das Herz begehrt, und so bedienten wir uns nach Herzenslust.

Anschließend liefen wir noch ein wenig in der Einkaufs- und Restaurantmeile des Hotels herum, auf der Suche nach einer Internetverbindung. Ich hatte ja nach wie vor die Aufgabe, den Download für mein Navi zu beenden. Schließlich wurden wir bei einem anderen Restaurant fündig, und so lungerten wir dort eine Weile herum, bis alle nötigen Dateien heruntergeladen waren.

Das war auch unsere letzte Amtshandlung für diesen Tag. Wir begaben uns zurück auf unser

Zimmer, und fielen abermals erschöpft auf unser Bett. Der erste Tag war zu Ende gegangen.

Kapitel 4 – Eine Entführung und das Ritterturnier

Das am Vortag gekaufte Brot und Nutella diente uns als Frühstück, ehe wir in Richtung Treffpunkt aufbrachen, an dem wir abgeholt werden sollten. Ich hatte mir mein Barney Stinson T-Shirt angezogen, um zu testen, ob jemand darauf reagieren und mich auf die Ähnlichkeit ansprechen würde.

Eine halbe Stunde später standen wir vor der kleinen Wellblechhütte am Strip und sprachen mit einer Kollegin von Nick, den wir gestern hier kennen gelernt hatten. Sie wies zu einer kleinen Gruppe von Menschen, die ganz in der Nähe warteten – von dort aus würde es gleich los gehen. Wir kamen mit einem jungen Paar ins Gespräch – über mein T-Shirt! Die beiden stellten fest, dass ich dem Typ darauf sehr ähnlich sehe. Ein wenig Smalltalk später fanden wir heraus, dass Renè ursprünglich ebenfalls aus Deutschland stammte, jedoch seit seinem zehnten Lebensjahr in Los Angeles wohnte. Er war mit seiner Freundin Bernice ebenfalls als Tourist hier in Vegas. Sie waren im Bezug auf das was uns erwartete ebenso ahnungslos wie wir.

Kurze Zeit später kam ein Kleinbus mit getönten Scheiben und der Aufschrift „Las Vegas VIP Tours". Dies war nicht ganz die uns versprochene Limousine, aber immerhin. Wie stiegen ein, und suchten uns Plätze im hinteren Bereich, neben Renè und Bernice. Unterwegs machte ich ein paar Witze, wo man uns wohl hinbringen würde, und ob jemand den Film „Hostel" schon gesehen habe. Bernice fand dies anscheinend nicht sehr witzig, jedenfalls stand ihr eine gewisse Panik ins Gesicht geschrieben.

Der Bus fuhr aus der Stadt heraus, und als wir immer tiefer in die Wüste fuhren, war mir selbst auch nicht mehr ganz wohl. Dann jedoch hielten wir bei einem großen, anscheinend neuen Hotel mit dem Namen „Grand View" an, und man bedeutete uns, auszusteigen. Unsere Gruppe, die aus insgesamt ungefähr 20 Personen bestand, wurde nun in die Lobby gebracht. Dort wurden wir kurz von einer Dame begrüßt, und allesamt mit Namensschildern ausgestattet. Dann wurde jedes Paar nach und nach von einer anderen Person abgeholt. Jeder hatte also seinen eigenen „Aufpasser", dachte ich mir. Wir bekamen einen kleingewachsenen Mann Ende 40 zugeteilt, der sich als Joey vorstellte. Er war gekleidet wie ein Geschäftsmann, etwa ein Autoverkäufer oder ähnliches. Und dass uns hier etwas verkauft werden sollte, dessen war ich mir mittlerweile sicher.

Bevor wir in einen großen Raum mit vielen Stühlen gebracht wurden, konnten wir uns an einem Stand noch mit Getränken und süßen Stückchen eindecken. Jedes Paar nahm dann an einem kleinen runden Tisch Platz, und der jeweilige „Verkäufer" gesellte sich dazu. Alsbald betrat eine Dame den Raum, stellte sich vor, und forderte uns alle auf, uns ebenfalls vorzustellen. Wir waren die einzigen Deutschen im Raum, wie sich herausstellte. Die Dame begann einen mitreißenden Vortrag über die Wichtigkeit von Urlaub, und über die steigenden Preise für eben diesen. Dann fiel zum ersten Mal die Bezeichnung dessen, worum es heute eigentlich ging – Time Sharing!

Das Prinzip hört sich genial einfach und einfach genial an – man kauft Anteile an einem Hotel, und kann dafür jedes Jahr zu einem sehr günstigen Preis dort Urlaub machen. Aber damit nicht genug, da es diese Art von Hotels auf der ganzen Welt gibt, kann man auch jederzeit mit jemand „tauschen", der anderswo einen Anteil gekauft hat.

Auf diese Weise kommt man relativ günstig in der ganzen Welt herum, und muss hierfür nur einmalig Geld investieren. Das „Grand View" Hotel ist ein ebensolches Hotel, und deshalb waren wir alle heute hier – weil man uns Anteile daran verkaufen wollte!

Deshalb wurden wir nach dem Vortrag von Joey über die komplette Anlage geführt. Er zeigte uns die durchaus großzügig ausgestatteten Suiten, die unzähligen Restaurants und sonstigen Attraktionen. Unterwegs versuchte er, so etwas wie eine vertraute Bindung zu uns aufzubauen. Er erzählte uns von seinen Kindern, und dass seine jüngste Tochter dieses Jahr ihren Schulabschluss machen würde. Er selbst stammte ursprünglich aus Mexiko, und war früher Amateur-Ringer gewesen. Schließlich fragte er uns, ob wir hungrig seien. Als wir dies bejahten, brachte er uns in eine Art Cafeteria, wo wir uns ein Sandwich schmecken ließen. Dann kam das unvermeidliche – er wollte über den geschäftlichen Teil unseres Treffens sprechen. Als wir von den Konditionen hörten, war alles auf einmal nicht mehr so verlockend. Wir hätten eine Anzahlung von 5.000 Dollar zu leisten, und dann über 84 Monate eine Rate von knapp 900 Dollar. Das Ganze zu einem Zinssatz von 17,9%, und zudem könnten wir nur eine Woche pro Jahr in unserem Hotel verbringen, wenn wir länger wollten, würde dies ebenfalls extra kosten. Wir machten ihm klar, dass wir bereits eine Menge finanzieller Verpflichtungen in Deutschland hatten, und dass wir auf keinen Fall ins Geschäft kommen würden. Mehrmals ging er mit seinem Angebot herunter, am Ende waren wir bei 169 Dollar pro Monat ohne Anzahlung. Wir verneinten jedoch auch dies, und so entließ er uns enttäuscht, und sagte, dass uns gleich noch ein Manager über unsere Zufriedenheit befragen würde, und wir dann unsere Gutscheine bekommen, und zurück gebracht würden.

Der sogenannte Manager stellte sich jedoch als weiterer Verkäufer heraus, der das Angebot nochmals bis auf am Ende 40 Dollar pro Monat drückte. Als wir auch hierauf nicht reagierten, verabschiedete er uns, uns ließ uns erneut in einer Art Wartezimmer Platz nehmen. Kurze Zeit später bekamen wir tatsächlich unsere versprochenen Eintrittskarten und konnten dann im Bus Platz nehmen, der uns zurück brachte. Zwei Mahlzeiten, Geschenke, und ganz tolle Verkaufsangebote – wir waren ohne Zweifel einer Art von Kaffeefahrt auf den Leim gegangen! Und diese hatte nicht wie versprochen maximal drei Stunden gedauert, sondern mehr als vier Stunden.

Zurück am Hotel, begaben wir uns sogleich zum Pool, um uns von den erlebten Strapazen zu erholen. Hier wurde ich erneut auf mein T-Shirt angesprochen, dieses Mal von einer jungen Frau. Man hat es schon nicht leicht, wenn man aussieht, wie ein Star!

Bis zum Ritterturnier hatten wir noch ein wenig Zeit, was uns dazu veranlasste, die Einkaufsmeile des Hotels noch ein wenig auf Herz und Nieren zu prüfen. An einem Stand fand ich einen Adapter, mit dem ich mein I-Phone über den Stromanschluss des Autos aufladen konnte. Dies freute mich sehr, waren wir doch darauf angewiesen, da unser Wagen wie gesagt keinen USB-Anschluss hatte. Die Verkäuferin war sehr nett, und begann ein kleines Gespräch mit uns. Sie stammte aus Brasilien, und war sehr erregt und verärgert über die dortige Politik, die in den letzten Wochen zu wahrhaften Massenprotesten geführt hatte.

In einem Souvenirladen erstanden wir dann noch einige Mitbringsel für unsere Daheimgebliebenen, sowie Ansichtskarten. Somit war diese lästige Pflicht auch erledigt.

Nun konnte das Turnier kommen. Wir gingen kurz aufs Zimmer, machten uns frisch, und begaben uns ins Untergeschoss des Hotels, wo wir den Eingang zur Arena fanden. Nach einer kurzen Wartezeit in einer Schlange wurden wir eingelassen. Als erstes fiel mir auf, dass man auch hier die Temperatur auf ungefähr 18 Grad herunter gekühlt hatte. Da wir beide nur leicht bekleidet waren, fingen wir sofort an, zu zittern, etwas, das sich während der kompletten Show nicht ändern sollte. Die Anlage hatte sehr großzügige Ausmaße, um einen ovalen Sandplatz waren die Zuschauerplätze aufsteigend angeordnet. Die Unterteilung der einzelnen Bereiche war nach Ländern vorgenommen, genauer gesagt mittelalterlichen Nationen, etwa Norwegen, Russland oder Spanien. Wir saßen im Bereich „Frankreich“, relativ nahe am Geschehen. Vor jedem Platz war ein schmales Holzbrett als Tisch montiert, auf dem dann unser Essen stehen würde. Denn dieses zünftige Rittermahl war ein Teil der Show.

Neben uns waren nur zwei weitere Sitzplätze, welche von zwei jungen Männern in Kilts besetzt wurden. Sie kamen auch aus England. Mehr sprachen wir jedoch nicht mit ihnen.

Das Essen wurde in mehreren Gängen serviert. Als erstes gab es Tomatensuppe aus einer Holzschale. Da diese zu meinen Leibspeisen zählt, war ich hierüber besonders erfreut. Als nächstes kam ein kleines Brathähnchen, welches man mit den Fingern essen musste. Zum Nachtisch bekamen wir dann ein kleines Stück Apfelkuchen.

Das Turnier an sich war für amerikanische Verhältnisse durchaus in Ordnung. Ich sage das so, weil die dortigen Vorstellungen vom europäischen Mittelalter ja doch ein wenig abweichen von dem, wie es wirklich gewesen ist. Natürlich waren viele Showeffekte wie Feuer und Stunts enthalten. Aber sowohl die Waffen als auch die Bekleidung der Darsteller konnten sich wirklich sehen lassen. Alles erinnerte ein wenig an das berühmte Kaltenberger Ritterturnier in Deutschland. Jeder Ritter stellte den König eines der Länder dar, in die das Publikum eingeteilt war. So konnte jeder mit „seinem“ Ritter mitfiebern, und es wurde eine sehr gute Stimmung im Publikum erzeugt. Immer wieder kamen die Darsteller auch auf die Absperrungen, um uns direkt „einzuheizen“. So wurden wir zwei Stunden lang gut unterhalten. Was mir jedoch zu schaffen machte, war die Kälte. Das merkte ich vor allem, als wir nach dem Turnier noch ein wenig an die frische Luft gehen wollten – wobei sie mit immer noch über 40 Grad nicht wirklich frisch war. „Die idealen Bedingungen, um eine Erkältung zu bekommen“, dachte ich noch so bei mir! Dass ich damit mehr recht behalten würde, als mir lieb war, würde mir noch früh genug bewusst werden!

Da es nun schon nach zehn Uhr war, und wir einen anstrengenden Tag gehabt hatten, begaben wir uns auf unser Zimmer, schrieben noch unsere Ansichtskarten ,und legten uns dann schlafen.

Kapitel 5 – Einkaufen, Halsschmerzen und ein Pool

Am nächsten Morgen waren wir beide relativ früh wach. Zum einen natürlich wegen der Aufregung – schließlich würden wir uns heute auf große Fahrt begeben. Bei mir gab es jedoch noch einen anderen Grund. Wie befürchtet, schien ich mir eine waschechte Erkältung eingefangen zu haben. Kratzen im Hals und Schmerzen beim Schlucken machten mir zu schaffen, und dies sind meist die Vorboten einer solchen Krankheit.

Ohne lange zu zögern standen wir auf, zogen uns an, und packten unsere Sachen. Unser Plan sah vor, erst alles ins Auto zu bringen, dann auszuchecken, und anschließend noch gemütlich im hauseigenen Buffet-Restaurant zu frühstücken, um fit für den anstrengenden Tag zu sein, der vor uns lag.

Gesagt, getan. An der Rezeption gaben wir noch unsere Postkarten, sowie einen Brief für meinen Freund Henne, geschrieben auf dem offiziellen Briefpapier des Hotels, ab. Dies war auch schon so etwas wie eine Tradition geworden, zumindest hatte ich es bei unserem letzten Aufenthalt in Las Vegas auch schon getan.

Dann war es Zeit, das Frühstück zu genießen. Es war das erste richtige amerikanische unseres Urlaubs. Wir ließen uns deshalb Rühreier, Bacon und Pancakes schmecken, und brachen dann frisch gestärkt auf.

Bevor wir die Stadt verließen, machten wir jedoch noch einen Abstecher zu einem Outlet Center, um dort wieder einmal den Umstand auszunutzen, günstige Bekleidung exklusiver Marken einzukaufen. Da wir sehr früh dran waren, hatte das Shopping Center noch nicht geöffnet, und so saßen wir noch eine Weile auf einer Bank vor dem Gebäude, und sahen die Szenerie zum Leben zu erwachen. Die ersten Mitarbeiter kamen, ein Sicherheitsbeamter drehte auf einem sogenannten Segway seine Runden, und eine Putzfrau leerte die Papierkörbe.

Dann endlich war es so weit, wir konnten den Konsum-Tempel endlich betreten. Wir kannten uns vom letzten Mal noch ein wenig aus, und so steuerten wir als erstes die Läden der Hersteller Tommy Hilfiger, Polo und Aeropostale an. In allen wurden wir fündig, und nach einer Weile waren wir mit Taschen beladen wie die Packesel. Im Laden für Fanartikel von US-Sportarten kaufte ich mir erneut ein T-Shirt der von mir favorisierten Eishockeymannschaft Los Angeles Kings, da ich mein „altes“ dummerweise an meinen Junggesellenabschied gegen ein nutzloses Damen-T-Shirt in der Größe XS eingetauscht hatte.

Wir verbrachten einige Zeit in dem Center, und begaben uns anschließend zurück zu unserem Auto. Draußen war es mittlerweile wieder unerträglich heiß. Gegenüber vom Einkaufszentrum entdeckten wir einen Laden, der sich „Boot Barn“ nannte, in dem es Cowboystiefel und anderes Reitsportzubehör gab. Da sich Dani schon immer original amerikanische Westernstiefel gewünscht hatte, war es klar, dass wir auch diesen Laden besuchen würden. Und tatsächlich wurde sie in ihm fündig, und erstand zum vergleichsweise niedrigen Preis von 140 Dollar ein wirklich schönes Paar.

Unsere erste Station auf unserer Route war der Grand Canyon, welcher beim letzten Mal leider komplett im Nebel gelegen hatte. Wir hofften, dieses Mal mehr Glück zu haben. Hierhin würden wir eine ungefähre Strecke von 450 km in östlicher Richtung zurücklegen müssen. Die Rollenverteilung war wie gehabt – ich saß am Steuer, und Dani bediente das Navi. Als wir ein paar Kilometer gefahren waren, und immer weiter in die Wüste hinein kamen, überkam mich wieder dieses erhabene, majestätische Gefühl der unendlichen Freiheit in dieser weiten, leeren Landschaft. Dieses Gefühl würde ich mehr denn je genießen und in mir aufsaugen, das hatte ich mir vor Reisebeginn geschworen.

Meinen Plan, unterwegs ein paar Mal anzuhalten, um den Anblick und die Stille noch mehr zu würdigen, mussten wir leider aufgeben, nachdem wir festgestellt hatten, dass es draußen annähernd unerträgliche 45 Grad Celsius hatte. Da zogen wir doch lieber die Kühle des klimatisierten Wagens vor. Jedoch mussten wir zwischendurch immer wieder auch mal die Klimaanlage ausschalten, da das Kratzen in meinem Hals nicht unbedingt besser wurde.

Da die Fahrt sich länger hinzog, als erwartet, und weil wir ja mit Einkaufen schon einiges an Zeit vertan hatten, war der Tag schon recht weit vorangeschritten, als wir in dem kleinen Städtchen Kingman im Bundesstaat Arizona ankamen. Deshalb, und weil ich aufgrund meines sich verschlimmernden Gesundheitszustands eine kleine Pause brauchte, entschieden wir uns, die Fahrt hier für heute zu beenden, und uns ein Motel zu suchen. Hierauf hatte ich mich ja besonders gefreut.

Kingman liegt ungefähr auf halber Strecke zwischen Las Vegas und dem Grand Canyon, und bietet neben zahlreichen Übernachtungsmöglichkeiten auch einige Restaurants und Einkaufsmöglichkeiten. Auch letztes Mal hatten wir hier Station gemacht, waren damals jedoch in die entgegengesetzte Richtung unterwegs gewesen.

Ich wusste von damals noch von einem riesigen Supermarkt, konnte mich jedoch nicht mehr genau an seine Lage erinnern. Wir brauchten jedoch Lebensmittel und ein paar andere Dinge, und deshalb hielt ich kurz vor einem kleinen Heimwerkermarkt an, um nach dem Weg zu fragen. Der Mann an der Theke wusste, was ich meine, musste sich jedoch noch kurz mit einer Kollegin austauschen, um mir den richtigen Weg erklären zu können.

Zum „K-Mart“, so hieß der gesuchte Laden, waren es noch ein paar Kilometer, was mir zeigte, dass Kingman eine durchaus stattliche Kleinstadt war.

Einige Minuten später hatte unsere Suche ein Ende, und wir standen auf dem Parkplatz vor dem Markt. Wir besorgten unsere Lebensmittel, sowie Taschentücher für mich, und fuhren dann schräg gegenüber zum erstbesten Motel, dem „Days Inn", welches auf einem Werbeschild draußen sowohl einen Pool, als auch kostenloses Internet, Frühstück und Kabelfernsehen versprach. Der Preis war auch in Ordnung, und so entschieden wir uns, hier zu bleiben. Wir brachten unsere Koffer auf das zweckmäßig eingerichtete Zimmer mit den zwei typischen Doppelbetten, und begaben uns dann zum Pool. Es war ein kleines, von einer Mauer umgebenes Becken hinter dem Gebäude. Außer uns war niemand weiter anwesend. Diesen Luxus und die Erfrischung genossen wir sichtlich, auch wenn ich ein wenig skeptisch war wegen meiner beginnenden Erkältung, welche sich nun durch eine stark laufende Nase immer mehr bemerkbar machte. Unvernünftig wie ich war, begünstigte ich diese Entwicklung auch noch, indem ich mehrmals unter Wasser tauchte. Einige dunkle Wolken veranlassten uns dann dazu, den Pool zu verlassen, und uns wieder auf unser Zimmer zu begeben.

Auf dem Bett sitzend machten wir dann unser typisches „Picknick" mit den mitgebrachten Speisen. Glücklicherweise verfügte das Motel auch über einen Kühlschrank, so dass ich mir zum Nachtisch ein kaltes Budweiser Bier genehmigen konnte, welches wir zuvor ebenfalls im K-Mart gekauft hatten.

Den Rest des Abends verbrachten wir auf dem Bett liegend und ließen uns vom Fernseher mit einer Folge der Serie „The Big Bang Theory" berieseln.

Kapitel 6 – Der Grand Canyon ohne Nebel

Ich hatte in der vergangenen Nacht schlecht geschlafen, und konnte nun mit Fug und Recht eines behaupten – ich war krank. Alle in den nächsten Tagen geplanten körperlichen Aktivitäten wie zum Beispiel Wanderungen würden daher auf ein Minimum reduziert werden müssen, gleichwohl wir an unserer Route trotzdem festhalten wollten.

Unser erster Weg führte daher nach einem kurzen Frühstück – es bestand aus Kaffee und zwei Scheiben Toast im kleinen Frühstücksraum des Motels – wieder zum K-Mart, diesmal um Medikamente einzukaufen. Diese gibt es glücklicherweise in den USA weitgehend rezeptfrei, und so deckte ich mich mit Tabletten der Marke „Dayquill" gegen die Erkältung sowie Lutschpastillen und einem Mittel gegen Fieber ein. All dies würde ich in den nächsten Tagen sicher dringend brauchen.

Dann jedoch setzten wir unsere Fahrt wie geplant in östlicher Richtung fort, und waren einige Stunden später tatsächlich in Tusayan, Arizona angekommen. Der Ort liegt am südlichen Zipfel des Grand Canyon, und wir hatten hier schon vor zwei Jahren halt gemacht. Sogleich steuerten wir auch wieder die bewährte „Seven Mile Lodge“ an, ein Motel, das uns noch wegen seinen komfortablen Zimmern und dem guten Preis-Leistungs-Verhältnis in Erinnerung geblieben war. Jedoch hatte es um die Mittagszeit leider geschlossen, und würde erst ab 16 Uhr wieder öffnen.

Da wir beide hungrig waren, führte unser erster Weg daher zu einem Schnellrestaurant der Kette „Wendy's“, welche ungefähr in die gleiche Kerbe schlägt wie „McDonald's“, sich jedoch dadurch vom Rest abhebt, dass dort quadratische anstatt runde Hackfleischscheiben auf dem Burger liegen. Hierher zu kommen war seit dem Film „Pulp Fiction“, in dem das Restaurant erwähnt wird, schon immer eines meiner Ziele gewesen. Das Essen war sehr lecker, und frisch gestärkt begaben wir uns dann erst zu einer Tankstelle und anschließend in Richtung Canyon. Wir mussten als erstes jedoch für 80 Dollar wieder einen Nationalpark-Pass kaufen, mit dem wir auch in die anderen Parks in den nächsten Tagen herein kommen würden.

Nun waren wir also wieder hier, am größten Canyon der Erde. Und dieses Mal hatten wir strahlenden Sonnenschein! Wir machten mehrmals Halt, und gingen auch ein gutes Stück zu Fuß am Rand des Canyons entlang. Dabei bot sich uns ein mehr als spektakulärer Anblick auf die Schlucht, die in Millionen von Jahren vom Colorado River in das einstmalige Plateau gegraben worden war. Wir nutzten die Gelegenheit für einige tolle Bilder, und ließen uns an einem besonders schönen Aussichtspunkt auch gemeinsam fotografieren.

Ich merkte jedoch, dass es gesundheitsbedingt mit meiner Kondition nicht allzu weit her war, und darum machten wir uns nach einer gewissen Zeit wieder auf den Weg nach Tusayan, zumal es auch bald 16 Uhr war, und wir pünktlich am Motel sein wollten. Ich bedauerte dies ein wenig, wollte ich doch eigentlich ursprünglich eine größere Wanderung am Grund des Canyon machen. Aber aufgrund der großen Hitze hätte dies wohl so oder so wenig Sinn gemacht. Und morgen war ja auch noch ein Tag, den Canyon ausreichend zu würdigen!

Die Seven Mile Lodge hatte mittlerweile geöffnet, und eine sehr nette Frau mittleren Alters verkaufte uns ein Zimmer zu einem erneut äußerst moderaten Preis. Ich gab mich als zufriedener Kunde zu erkennen, da wir ja bereits zum zweiten Mal hier übernachteten. Mit einem Lächeln auf dem Gesicht übergab sie uns den Zimmerschlüssel.

Nachdem wir unser Gepäck ins Haus gebracht hatten, fuhren wir noch kurz in den lokalen General Store, um ein paar Sachen zu Essen für heute Abend einzukaufen. Unter anderem besorgte ich mir wieder „Smuckers Goober Grape", diese seltsame Mischung aus Erdnussbutter und Traubengelee, die ich zum ersten Mal hier vor zwei Jahren erstanden und anschließend lieben gelernt hatte. Diese Liebe ging sogar so weit, dass ich mir diesen Brotaufstrich seitdem ein paar Mal über das Internet bestellt und nach Deutschland habe importieren lassen. 10 Euro pro Glas sind zwar ein stolzer Preis, aber dies zeigt, nur, wie gern ich es mittlerweile mag, und es war auch immer ein

Stück Erinnerung an die USA für mich. Es hier vor Ort quasi an der Quelle zu kaufen war natürlich noch einmal etwas ganz anderes. Nun waren wir also sowohl für unser abendliches Picknick, als auch für das morgige Frühstück bestens gerüstet.

Mit dem Film „Con Air“, den ich nun zum ersten Mal anschaute, ließen wir dann den Abend gemütlich ausklingen, ich hatte mir wir üblich schon einmal einen Stapel Taschentücher für die Nacht neben das Bett gelegt.

***

Am nächsten Morgen ließen wir uns auf unserem Zimmer Weißbrot mit Nutella, und mein geliebtes Smuckers Goober schmecken. Sogar Kaffee gab es, da ich eine alte Kaffeemaschine und abgepacktes Pulver gefunden hatte. Mein Schnupfen hatte sich zu neuen Höhenflügen aufgeschwungen, was sich am Taschentuch-Verbrauch und an meiner langsam wund werdenden Nase zeigte. Mittlerweile hatte ich mich jedoch gezwungenermaßen daran gewöhnt.

Heute würde unsere Fahrt weiter gehen zum Bryce Canyon. Diesen hatten wir vor zwei Jahren aus Zeitgründen nur mit einem sehr kurzen Abstecher bedacht, und quasi lediglich ein Beweisfoto vor einem besonders schönen Panorama gemacht, um dann weiter zu fahren.

Dieses Mal hatten wir jedoch einen größeren Puffer eingeplant, so dass uns insgesamt fast ein ganzer Tag zur Erkundung dieses einzigartigen Schauplatzes bleiben würde. Wir hatten eine Strecke von gut 450 Kilometern in nördlicher Richtung zurückzulegen, und würden dabei noch einmal ein gutes Stück durch den Grand Canyon fahren. Diese Gelegenheit nutzten wir natürlich, um noch mehrmals anzuhalten, um Fotos zu machen und die eine oder andere kleinere Strecke zu Fuß zurück zu legen. Vor allem der „Grandview Point", also der „Punkt der großen Aussicht" nahm uns schier den Atem. Von hier aus hatte man eine wunderbare Panorama-Sicht auf den gesamten Canyon, und wir genossen eine Weile einfach nur seinen überwältigenden Anblick.

Im Hinblick auf die Zeit machten wir uns jedoch alsbald auf den Weg, und bewegten uns nach einem weiteren Tank-Stopp in Richtung Bryce Canyon. Normalerweise würden wir relativ nahe an der fast genau in der Mitte zwischen beiden Stationen liegenden Stadt Page vorbei kommen. Es stellte sich jedoch heraus, dass diese Straße wegen

Bauarbeiten gesperrt war. Deshalb waren wir gezwungen, einen relativ großen Umweg zu fahren. Diese Aktion kostete uns zwar einiges an Zeit, bescherte uns jedoch nicht nur schöne Aussichten auf die karge, zerklüftete Wüstenlandschaft, sondern auch eine Einsamkeit auf der Strecke, die wir sonst vielleicht nicht erlebt hätten. So hatte diese Umleitung auch wieder etwas gutes. Meine Krankheit hatte trotz Tabletten mittlerweile ein fiebriges Stadium erreicht, so dass ich viele Streckenabschnitte nur wie in Trance mitbekam.

Einige Stunden später hatten wir die Grenze von Arizona nach Utah überquert, dem Land der Mormonen. Aufgrund der großen Hitze hatten sich mittlerweile überall Wärmegewitter und kleine Stürme gebildet. Hier kamen wir zum ersten Mal in unserem Leben in Berührung mit einem Phänomen, das man „Dust Devils“ nennt, also Staubteufel. Dies sind kleine Verwirbelungen, unseren Windhosen nicht unähnlich. Sie tragen jedoch auch Wüstensand mit sich, was ihnen den Namen verleiht. Diese Mini-Tornados bewegen sich mit einer großen Geschwindigkeit über die Ebenen, und entwickeln eine große Kraft. Etwas, das ich spätestens seit einer Kollision eines von ihnen mit unserem Auto bestätigen kann. Ich muss zugeben, dass ich diese Begegnung auch ein wenig forciert habe, in dem ich unsere Geschwindigkeit entsprechend reduziert habe, um ein genaues Aufeinandertreffen zu ermöglichen. Dani war weniger begeistert von dieser Aktion, und die Tatsache, dass ich Schwierigkeiten hatte, das Steuer festzuhalten, war ebenfalls eine kleine Strafe für meinen Leichtsinn.

Mit den Stürmen kamen übrigens auch die typischen vertrockneten Büsche, die in unzähligen Western durch das Bild rollen. Nun hatten wir also auch diesen Mythos einmal aus nächster Nähe gesehen.

Das Unwetter und nun auch der Regen wurden teilweise so schlimm, dass wir mehrfach überlegten, anzuhalten und eine ruhigere Wetterlage abzuwarten. Die voranschreitende Zeit veranlasste uns jedoch dazu, zwar langsam, aber doch stetig weiterzufahren. Wir waren durch den unfreiwilligen Umweg sowieso ein wenig in Verzug geraten.

Im Laufe der Zeit wurde das Wetter wieder besser, bis der Himmel irgendwann wieder komplett aufklarte. Dies schien ein Zeichen zu sein, denn wir hatten nun auch das vorläufige Ziel unserer

Reise erreicht – Hatch, Utah. Von hier aus waren es nur noch gut 40 Kilometer bis zum Bryce Canyon, deshalb wollten wir heute hier übernachten. Eines der ersten Motels an der Straße war dann auch die „Hatch Station", in welcher wir auch bei unserer letzten Reise geschlafen hatten. Irgendwie zog sich dieses „Bekannte-Stationen-Abfahren" wie ein roter Faden durch unsere Reise. Obwohl wir großteils andere Dinge anschauten wie 2011, waren es doch vertraute Stätten, zu denen wir zurück kehrten. Und so schnell nicht wieder zurück kehren würden.

Gemütliche und vor allem saubere kleine Holzhütten die an Cowboy-Filme erinnerten, das war es, was dieses Motel ausgezeichnet hatte. Deshalb brauchten wir auch nicht lange überlegen, vor allem, als wir den unverschämt günstigen Preis vernahmen. Und wie es der Zufall so wollte, wir waren sogar im exakt gleichen Zimmer, wie beim letzten Mal. Der Raum war gerade einmal so groß, dass das Bett und ein kleiner Schrank hinein passten. An den Wänden fanden sich kitschige Bilder, die dennoch sehr gut zum Flair der Lokalität passten. Rechts ging es in eine kleine Dusche mit WC, was brauchte man mehr?

Von unserem letzten Urlaub hier war uns noch das „Mountain Harvest“ in Erinnerung geblieben, direkt neben dem Motel gelegen. In diesem Restaurant hatten wir ein ausgezeichnetes Steak gegessen, und deshalb kehrten wir natürlich erneut hier ein. Und wir wurden wieder nicht enttäuscht. Weder von der freundlichen Bedienung, noch vom „Rib Eye“-Steak oder dem anschließenden obligatorischen Käsekuchen.

Angenehm gesättigt begaben wir uns anschließend wieder auf unser Zimmer, und schauten uns „The Expendables“ an, der gerade im Fernsehen lief. Bald darauf waren wir eingeschlafen.

Kapitel 7 – Ein unerwarteter Ritt

Unser Motel war zu klein, um ein eigenes Frühstück anzubieten. Als Ausgleich hierfür hatten wir jedoch einen Rabattgutschein für das „Galaxy Diner“ bekommen, welches sich im gleichen Ort nur ein paar hundert Meter weiter befand. Diesen Umstand nutzen wir selbstverständlich aus, und so saßen wir am nächsten Morgen, nachdem wir ausgecheckt hatten, frisch geduscht in einem typischen Restaurant im Stil der 50er Jahre, und ließen uns Toast, Eier und Bacon schmecken.

Da wir gestern durch die Umleitung viel Zeit verloren hatten, war für den heutigen Tag ein straffes Programm angesagt. Der erste Teil würde darin bestehen, den Bryce Canyon zu erkunden, und anschließend mussten wir die 450 Kilometer bis Rachel, Nevada zurücklegen, weil ich uns ja vorab dort für heute Nacht ein Zimmer gebucht hatte.

Deshalb verloren wir nach dem Frühstück keine Zeit – wir tankten, und brachen dann umgehend in Richtung Bryce auf. Der Canyon sollte schließlich nicht schon wieder viel zu kurz kommen!

Zur besseren Erklärung dessen, was dann passierte, muss ich ein wenig ausholen. Da Dani ja in Ihrer Freizeit für ihr Leben gern reitet, hatten wir bei unserem letzten Urlaub im Jahr 2011 eine geführte Tour zu Pferd im Monument Valley gemacht. Das war auch in Ordnung, denn wir hatten ja insgesamt drei Wochen Zeit. Dieses Mal jedoch waren wir nur knapp zwei Wochen in den USA, und hatten insgesamt einen doch recht straffen Zeitplan. Zudem war nun der Urlaub auch schon zur Hälfte vorüber, so traurig es auch war, das zu realisieren. Deshalb schien es mehr als unwahrscheinlich zu sein, dass wir dieses Mal noch einmal zum Reiten kommen würden, auch wenn Dani diesen Wunsch vor Antritt der Reise mehr oder weniger geäußert hatte.

Nun befanden wir uns auf er Straße zum Bryce Canyon, und waren kurz vor der Einfahrt zum Park, als wir plötzlich auf der linken Seite ein Schild sahen mit der Aufschrift „Horse Tours“. Es standen auch schon mehrere Pferde fertig gesattelt in einem Gatter. Blitzartig kam uns der Gedanke, dass wir vielleicht doch noch zu unserem Ausritt kommen würden, je nachdem, wie viel Zeit dieser beanspruchen würde. Kurzerhand hielten wir an, und erkundigten uns im Gebäude gegenüber nach den genauen Modalitäten. Ja, es wären noch Plätze frei, aber erst für den Ritt um12:30 Uhr. Dieser würde 90 Minuten dauern, und zum Rand des Canyon führen. Der Kostenpunkt lag bei 65 Dollar pro Person. Im Verhältnis war dies wesentlich günstiger, als unser Ritt vor zwei Jahren. Es war circa 09:30 Uhr, das heißt wir hatten noch drei Stunden Zeit.Und wir müssten uns nach dem Ritt sehr beeilen, wenn wir nicht bis tief in die Nacht im Auto unterwegs sein wollten. All dies wägten wir sorgfältig ab, und entschieden uns – natürlich für den Ausritt. Flitterwochen waren schließlich nur einmal im Leben!

Die Zwischenzeit nutzten wir zum ausgiebigen Wandern. Wir befuhren dabei die Straße, welche direkt durch den Park führt, und hielten mehrmals an. Das Highlight war dabei ein einstündiger Marsch entlang des Canyon-Randes. Im Gegensatz zum Grand Canyon ist Bryce sehr viel weniger ausladend, dafür aber im Bezug auf seine Gesteinsformationen wesentlich spektakulärer. Er besteht zum Großteil aus bizarren Felsnadeln in allen Ocker- und Brauntönen, welche im Laufe der Zeit von Wind und Wetter in den Sandstein gegraben wurden. Dieses atemberaubende

Panorama ist nur schwer mit Worten zu beschreiben, man muss es einfach gesehen haben!

Weil wir den Zeitpunkt des Aufbruchs auf keinen Fall verpassen wollten, fuhren wir gegen 11:30 Uhr wieder zurück zum Eingang des Parks. Die restliche Zeit vertrieben wir uns in einem Souvenirgeschäft ganz in der Nähe.

Dann sah ich etwas, dass ich in dieser Gegend als Allerletztes erwartet hätte – einen original „Trabant“, das DDR-Fahrzeug schlechthin. Es stand vor dem Laden einsam in der Wüstenhitze, und sah schon relativ heruntergekommen aus. Beim näheren Betrachten erschloss sich auch seine Geschichte, durch Aufkleber und im Inneren angebrachte Zettel: Offenbar war ein Mann aus den neuen Bundesländern mit diesem Auto vor vielen Jahren hier her gekommen, und hatte an einer Art Rallye teilgenommen. Anschließend muss er es wohl einfach stehen gelassen haben, und nun war es eben eine lokale Attraktion!

Nun war es Zeit, zu den Pferden zu gehen. Vorher mussten wir uns jedoch noch lange Hosen anziehen, da dies eine der Vorschriften für den Ausritt war. Dummerweise hatten wir jedoch beide nur ein paar Chino Hosen dabei, welche denkbar ungeeignet zum Reiten sind. Aber wir hatten ja auch nicht damit gerechnet, in unserem Urlaub noch einmal dieses Vergnügen zu haben. Es nützte nun alles nichts, wir hatten keine Wahl.

In einem Unterstand warteten schon einige junge Cowboys auf das Eintreffen der Teilnehmer. Bald wurden wir in das Pferdegatter gebracht, und jeder bekam ein Tier zugewiesen. Beim letzten Mal im Monument Valley hatte ich noch Angst gehabt, mich auf ein fremdes Pferd zu setzen, mittlerweile war ich jedoch wesentlich gelassener im Hinblick darauf.

Ich bekam ein kaffeebraunes Tier namens „Sarge", und Dani eine weiße Stute, die auf den Namen „Jenny" hörte. Nach einer kurzen Einweisung konnte es auch schon losgehen. Außer unserer Führerin war noch ein amerikanisches Ehepaar Mitte vierzig dabei. Zu fünft machten wir uns also auf den Weg in Richtung Canyon. Wir waren noch nicht lange unterwegs, da sahen war links am Wegrand eine Frau, die uns fotografierte. Ich vermutete, dass wir diese Bilder dann am Ende unseres Ausrittes käuflich erwerben würden können.

Im Schritt ging es nun stetig bergauf durch eine spärlich mit einigen Bäumen und Büschen bewachsene Landschaft. Da der Weg, der mehr ein Trampelpfad zu sein schien, teilweise recht schmal war, mussten wir im Gänsemarsch hintereinander reiten, wobei Dani und ich die Schlusslichter bildeten. Unterwegs kamen wir ein wenig mit unseren Gefährten ins Gespräch, und es stellte sich heraus, dass der Mann Vorfahren in Deutschland hatte, und vor allem das deutsche Bier zu schätzen wusste. Nach einer guten halben Stunde waren wir am Rand des Canyons angelangt, und uns bot sich erneut ein überwältigender Anblick, nun jedoch vom Rücken eines Pferdes aus, was noch einmal ein ganz anderes Erlebnis war. Unsere Führerin bot uns an, einige Bilder von uns gemeinsam zu machen, was wir natürlich gern annahmen. Wir verweilten einen Moment, und traten dann den Rückweg an.

Als wir eine Herde Kühe passierten, wurde mir ein wenig mulmig, da nicht nur Kälber, sondern auch Bullen anwesend waren. Argwöhnisch beobachteten uns die Tiere, und ich war froh, als wir sie ein Stück hinter uns gelassen hatten.

Ziemlich genau 1,5 Stunden nach unserem Aufbruch waren wir wieder zurück am Ausgangspunkt. Und tatsächlich, wir bekamen jeder ein Foto, welches anfangs von uns gemacht wurde. Wir mussten jedoch nichts dafür zahlen, was mich positiv überraschte, da ich hier mit einer Abzocke gerechnet hatte. Ich gab unserer Führerin ein gutes Trinkgeld, und dann begaben wir uns erst einmal zum Auto, um uns umzuziehen. Unserer Chino Hosen waren komplett durchgeschwitzt, und rochen zudem stark nach Pferd. Wir waren daher froh, endlich wieder unsere kurzen Hosen anziehen zu können.

Für die uns nun bevorstehende lange Autofahrt kauften wir uns in einem kleinen Laden noch kalte Getränke, und machten uns dann auf den Weg.

Kapitel 8 – Die Area 51

Der Nachmittag war da, und wir hatten ein klitzekleines Problem. Bisher hatte uns unser Navi recht gut den Weg gewiesen. Nun jedoch schien es uns zum ersten Mal im Stich zu lassen. Unser nächstes Ziel, Rachel im Bundesstaat Nevada war so klein, dass das Programm diesen Ort gar nicht kannte. Glücklicherweise hatte ich jedoch am Abend zuvor schon einmal im Internet unsere ungefähre Route angeschaut, und wusste deshalb, dass wir erst einmal in Richtung Cedar City nach Westen fahren mussten. Deshalb taten wir genau das. Wie es aber dann weiter gehen würde, war uns noch nicht klar.

Während der Fahrt kam uns jedoch einer Eingebung gleich eine sehr hilfreiche Idee. Wir hatten einen Reiseführer des Südwestens der USA in Buchform dabei, mit einer Landkarte inklusive. Mit Hilfe dieser Karte navigierte uns Dani dann über die Orte Modena und Caliente in Richtung „Extraterrestrial Highway", welcher direkt nach Rachel führt. Wir brauchten einige Stunden für die Strecke, und kamen durch sehr einsame Gegenden. Außer Wüste und vielen „Joshua Trees" bekamen wir nicht besonders viel zu sehen. Diese Pflanzen sind Palmen nicht unähnlich, und so ziemlich das einzige, was in dieser trockenen und heißen Landschaft wächst. Dass wir dennoch bereits 18.30 Uhr in Rachel ankamen, hatten wir der Zeitverschiebung zu verdanken, durch die wir eine Stunde geschenkt bekamen.

Auf diesen Ort hatte ich mich in der Tat besonders gefreut. Bereits vor zwei Jahren waren wir hier gewesen, und schon damals war mir klar: Würden wir jemals wieder in den USA sein, wäre dies ein garantiertes Ziel. Aber was macht dieses Kaff zu so etwas besonderem? Immerhin hat es außer ein paar Blechhütten und einem kleinen Restaurant nicht viel zu bieten. Es ist seine Nähe zur sagenumwobenen Area 51, der geheimen US-Militärbasis, in der angeblich gar seltsame Experimente durchgeführt, und sogar einige außerirdische Leichen versteckt sein sollen. Das Gebiet um die Basis ist natürlich weiträumig abgesperrt, und wenn man in Rachel ist, dann befindet man sich so nah dran wie nur irgend möglich. Einige Besucher haben angeblich sogar schon nächtliche Lichter am Horizont beobachtet – was kann das anderes gewesen sein, als UFOs?

Meine Liebe zu Science-Fiction-Filmen hatte mich damals unter anderem dazu veranlasst, hierher zu kommen. Dieses Mal jedoch war es noch etwas anderes. Der Besuch in Rachel, so skurril der Ort auch sein mochte, war für mich eines der Highlights gewesen. Fern ab von großen lauten Städten waren wir hier dem amerikanischen Traum von Freiheit und Abenteuer so nah wie nur möglich gewesen. Und auch die Übernachtung in einem der kleinen und äußerst spartanisch ausgestatteten Blechcontainer hatte dazu beigetragen. Deshalb wollte ich unbedingt wieder einen Abstecher nach Rachel machen, egal wie groß der Umweg sein mochte.

Schon als wir auf den Highway 375 einbogen, überkam mich daher ein Gefühl, als ob ich heimkehren würde. Alles kam mir so bekannt vor. Sei es nun die große Alien-Statue aus Blech, die gleich am Anfang der Straße steht, oder die Black Mailbox, bei der wir natürlich erneut anhielten, um ein Foto zu machen. Wir stellten jedoch fest, dass der Briefkasten des Farmers Steve Medlin, der eigentlich eine massive weiße Stahlbox ist, und so etwas wie das Mekka der UFO-Gläubigen, mittlerweile ausgetauscht worden sein musste. Anscheinend hatten es Souvenir-Sammler geschafft, auch dieses robuste Teil abzubauen und mitzunehmen.

Als wir endlich in Rachel ankamen, waren wir etwas überrascht: es sah anders aus, als beim letzten Mal. Das „Little A'Le'Inn“ stand zwar noch, aber viele der umliegenden Wohnwagen und Häuser waren weg. Anscheinend hatten viele der Bewohner den Ort verlassen und waren einfach weitergezogen. Alles wirkte noch ausgestorbener als wir es in Erinnerung hatten, und ein neues Wort fiel mir in diesem Zusammenhang ein, eines, das mir nicht gefiel: das Wort trostlos!

Wir betraten die Bar, und im Inneren hatte sich zum Glück wenig geändert. Es hingen noch immer hunderte von Ein-Dollar-Noten von der Decke, auf denen die Gäste unterschrieben hatten, und nach einigem Suchen fanden wir auch den Schein, den wir selbst zwei Jahre zuvor dort aufgehängt hatten.

Ein mürrischer junger Mann zeigte uns unsere Unterkunft, wir waren nicht im gleichen Zimmer untergebracht, wie beim letzten Mal. Der Standard war jedoch der gleiche: es handelte sich um einen Teil einer kleinen Blechhütte mit sehr einfacher Ausstattung, die Dusche und den Kühlschrank hatte man sich mit mehreren anderen Zimmern zu teilen. Da wir jedoch die einzigen Gäste zu sein schienen, bereitete uns das keine Probleme.

Rund um die „Anlage“ häufte sich Müll und Unrat. Alte Autowracks, rostige Fässer und ausgediente Gerätschaften prägten das Bild. So heruntergekommen hatten wir den Ort wirklich nicht in Erinnerung gehabt! Wir entdeckten in einem Gatter sogar zwei abgemagerte Pferde, von denen eines nur noch ein Auge hatte. Dani zerriss dieser Anblick fast das Herz, weshalb wir uns nicht lange hier draußen aufhielten.

Zum Abendessen gab es wieder den bewährten „Saucer Burger“, bevor wir uns wieder auf unser Zimmer begaben. Eigentlich hatten wir vor gehabt, den Sonnenuntergang wieder vor der Hütte bei einem kühlen Bier zu genießen. Ein heftiger Sturm inklusive Regen machte uns jedoch vorerst einen Strich durch die Rechnung. Erst später am Abend trauten wir uns wieder vor die Tür, und nahmen auf einigen alten Stühlen aus Plastik, die dort herumstanden, Platz, und plauderten noch ein wenig. Ich schaute dabei immer wieder einmal zu den Bergen am Horizont, hinter denen ich die Area 51 vermutete, sah aber leider weder Lichter noch etwas anderes.

Irgendwann gingen wir dann zu Bett, lasen noch ein wenig und schliefen dann ein. Nachts hörte ich draußen einige beunruhigende Geräusche, die sich nach laufenden Motoren und lautem

Gerumpel anhörten. Wer mochte um diese Zeit in dieser Gegend noch unterwegs sein? Ich schlief jedoch bald darauf wieder ein, und es kam zu keinem weiteren Zwischenfall.

***

Am nächsten Morgen waren wir bereits früh wach, und beschlossen daher, gleich aufzubrechen. Da es mir nach wie vor nicht besonders gut ging, und ich auch einmal einfach nur die Fahrt genießen wollte, bat ich Dani, die heutige Strecke zu fahren. Gegen 07:30 Uhr wollte ich das Lokal betreten, um unseren Schlüssel abzugeben. Es war jedoch noch abgeschlossen. Deshalb legte ich den Schlüssel im Zimmer auf das Bett, zusammen mit einer kleinen Notiz. Ein Frühstück würde es heute für uns nicht geben, deshalb mussten uns hierfür ein paar Müsliriegel reichen, die wir während der Fahrt essen würden..

Das Thema Rachel war nun also endgültig abgeschlossen, und etwas enttäuscht machten wir uns klar, dass wir bestimmt zum letzten Mal hier gewesen waren!

Kapitel 9 – Ein Tag Entspannung

Der Death Valley Nationalpark war unser nächstes Ziel. Diese einzigartige Gegend hatten wir zwei Jahre zuvor schon einmal auf unserem Plan gehabt. Der Besuch fiel jedoch einer kurzfristigen Änderung der Reiseroute zum Opfer. Dieses Mal würde uns das jedoch nicht passieren, wir hatten schließlich noch zwei Tage Zeit, bis wir in Los Angeles sein müssten. Wir konnten die Sache also relativ entspannt angehen. Und das war auch dringend notwendig, nach den stressigen Fahrten der letzten Tage, und da ich ja nach wie vor nicht fit war, trotz der Einnahme meiner Medikamente.

Um zum Death Valley zu kommen, mussten wir einen u-förmigen Bogen in nördlicher Richtung fahren, was einer Strecke von gut 300 Kilometern entspricht. Dies war notwendig, weil wir ja nicht direkt durch die gesperrte Militärbasis, in der sich die Area 51 befindet, fahren konnten. Luftlinie wäre unsere Strecke mindestens um die Hälfte kürzer gewesen. Aber auch so war das zu fahrende Pensum wesentlich geringer als an den letzten Tagen, und unser Plan sah vor, heute gemütlich bis an den Rand des Parks zu fahren, und uns dort frühzeitig eine Unterkunft zu suchen.

Auf unserem Weg kamen wir durch die Stadt Tonopah, die uns noch von unserem letzten Urlaub in Erinnerung geblieben war. Hier hatten wir damals nach langer Suche endlich eine Unterkunft gefunden. Heute jedoch war sie lediglich eine Durchgangsstation für uns.

Um die Mittagszeit waren wir bereits in Beatty angekommen, einem kleinen Ort an der Grenze zwischen Nevada und Kalifornien, der direkt am Eingang zum Death Valley liegt. Hier fanden wir alles, was wir brauchten: eine Tankstelle, mehrere Motels, und einige Restaurants. Wir checkten im „El Portal Motel“ ein, welches über einen Pool und viele weitere Annehmlichkeiten verfügte. Nachdem wir unsere Koffer auf des Zimmer gebracht hatten, merkten wir, dass wir heute noch nichts richtiges gegessen hatten. Unser nächster Weg führte uns daher zum „Stagecoach Hotel & Casino“, in dem ein Restaurant der Kette „Denny's“ untergebracht ist. Hierhin hatten wir beide schon immer einmal gehen wollen, und nun war es so weit.

Als wir das Gebäude betraten, fühlten wir uns wie zurückversetzt nach Las Vegas. Wir waren in einem waschechten Casino, das bis auf seine etwas geringere Größe exakt an seine Artgenossen in der Spielermetropole erinnerte. Aber das war auch kein Wunder – immerhin waren wir noch in Nevada, und da dort das Glücksspiel offiziell erlaubt ist, findet man solche Casinos an jeder Ecke. Wir schritten also über den farbenfrohen Teppich, vorbei an zahlreichen klimpernden Automaten und Spieltischen zum Eingang des Denny's Restaurants. Bei dieser Kette handelt es sich um typische amerikanische Diners im Stil der 50er Jahre. Die Speisekarte bietet vom Burger über Pizza und Nudeln wirklich alles, was das Fast Food Herz begehrt. Ich tat mich an Spaghetti mit Fleischbällchen sowie einer Schale Chili gütlich, und Dani entschied sich für einen Double Cheeseburger.

Voll bis zum Anschlag steuerten wir noch kurz eine Tankstelle an, bevor wir zurück zum Motel fuhren, um bei der unerträglichen Hitze einmal den Pool zu testen. Um zu diesem zu gelangen, mussten wir von unserem Zimmer aus ein kleines Stück über einen Hof gehen. Auch hier waren wir wieder allein, und nutzten dies aus, indem wir eine halbe Stunde planschten und ein paar Bahnen schwammen. Als wir genug hatten, gingen wir zurück auf unser Zimmer.

Im Fernsehen lief gerade der Film „Garfield“, den wir uns anschauten. Danach stießen wir beim Durchschalten auf eine äußerst spannende und interessante Reportage über den bekannten Massenmörder Charles Manson und seine „Familie“, die Ende der sechziger Jahre für den Tod von mehreren Menschen, unter anderem der Schauspielerin Sharon Tate, verantwortlich gewesen war.

Nach dieser gruseligen Episode legten wir uns schlafen, um morgen früh fit zu sein für das „Tal des Todes“.

Kapitel 10 – Im Tal des Todes

Sehr früh am nächsten Morgen standen wir auf, und das war auch gut so. Denn umso früher würden wir ins Death Valley kommen, und somit vielleicht die größte Hitze am Mittag umgehen. Was hatten wir nicht alles an Horrorgeschichten gehört über diesen Nationalpark. Dass es sich um den heißesten und tiefsten Punkt Nordamerikas handelt, das wussten wir ja. Aber dass man zum Beispiel nur mit ausgeschalteter Klimaanlage durch den Park fahren darf, damit der Motor keinen Schaden nimmt, oder dass man auch ja genug zu Trinken mitnehmen soll, wenn man nicht qualvoll verdursten und austrocknen will, das schien mir dann doch ein wenig weit hergeholt. Immerhin sollte es aber dieser Tage dort einen absoluten Temperaturrekord geben, das hatten wir sowohl im Fernsehen als auch im Internet mehrfach gelesen und gesehen.

Zur Stärkung begaben wir uns noch einmal zu Denny's, und nahmen ein ausgiebiges Frühstück ein. Dann wurde es ernst, und wir brachen auf. Nach kurzer Zeit zeigte uns ein Schild, dass wir nun den Park erreicht hatten. Anfangs war landschaftlich kein großer Unterschied zur bisherigen Wüste auszumachen. Je weiter wir doch hineinfuhren, desto karger wurde die Vegetation, bis wir schließlich komplett von einer unwirtlichen Geröllwüste umgeben waren. Die Außentemperatur stieg zudem stetig an, auch wenn wir in unserem klimatisierten Auto davon wenig merkten.

Das Death Valley, also Tal des Todes, hat seinen Namen übrigens aus dem 19. Jahrhundert, als die ersten Siedler auf ihrem Weg nach Westen eine Abkürzung durch diese unwirtliche Gegend nehmen wollten. Viele von ihnen haben es aufgrund der großen Hitze und Trockenheit nicht überlebt. Überbleibsel aus dieser Zeit wie zum Beispiel Ruinen und ähnliches sind noch heute zu begutachten.

Ich hatte mich vorab bereits darüber informiert, welche Orte im Park besonders sehenswert sind, und diese wollten wir jetzt der Reihe nach ansteuern. Hierzu würden wir jeweils Strecken von mehr als 20 Kilometern zurücklegen müssen. Zuvor machten wir jedoch noch einen Abstecher im Besucherzentrum, und schauten uns dort eine Ausstellung über die Flora und Fauna im Park sowie seine Geschichte an. Das Thermometer zeigte bereits eine Temperatur von 116 Grad

Fahrenheit an, was einem Wert von 46 Grad Celsius entspricht. Die Hitze war aber eine sehr trockene, und daher einigermaßen erträglich.

Als erstes fuhren wir dann zum Badwater Basin. Diese Senke befindet sich 86 Meter unter dem Meeresspiegel und ist somit der tiefste Punkt Nordamerikas. Früher war hier einmal ein See gewesen, doch außer einem Tümpel mit brackigem Wasser ist hiervon nicht mehr viel übrig. Hier war es noch einmal ein ganzes Stück heißer, und wir vermuteten, dass es mittlerweile an die 50 Grad Celsius waren.

Auf unserem weiteren Weg schauten wir beim „Devil's Golf Course“ vorbei. Es handelt sich dabei um ein riesiges Feld mit Erdschollen, die mit einer Salzkruste überzogen sind. Nur der Teufel könne hier Golf spielen sagte einmal jemand, und daher hat dieses Gebiet auch seinen Namen bekommen.

Ein anderer berühmter Platz ist der sogenannte „Zabriskie Point“, nach dem sogar ein Film benannt wurde. Dieser Aussichtspunkt bietet einen Blick auf eine hügelige Landschaft, bei der durch Jahrtausende anhaltende Erosion ein wellenförmiges Muster entstanden ist, das in den verschiedensten Gelb- und Ockertönen erstrahlt. Um hierher zu kommen, muss man einen kurzen

Aufstieg zu Fuß bewältigen, was bei der großen Hitze kein angenehmes Vergnügen darstellt. Oben jedoch wird man mit einer atemberaubenden Aussicht tausendfach entlohnt. Wir verweilten einen Moment, machten Fotos, und fuhren weiter.

Unsere letzte Station im Death Valley war vielleicht auch die spektakulärste. Wir fuhren zum „Dante's View". Dieser auf 1.600 Metern liegende Aussichtspunkt ist nur über eine schmale, steil ansteigende Straße zu erreichen. Das letzte Stück besteht dann aus noch einmal engeren, sehr steilen Serpentinen. Einmal dort, bietet sich ein fantastischer Ausblick über einen Großteil des gesamten Tals. Es ist ein wahrhaft erhabenes Gefühl, dort zu stehen, und sich den Wind um die Nase wehen zu lassen. Eine seltsame Wehmut beschlich mich zudem. Denn dies war unser letzter Nationalpark, bevor wir morgen nach Los Angeles kommen würden.

Zurück im Auto, gab es eine kleine Schrecksekunde: Die Motorleuchte zeigte eine Überhitzung an! Waren die Geschichten also doch wahr gewesen! Vorsichtig probierte ich, den Motor anzulassen. Es klappte, und bald war die Nadel wieder im Normalbereich. Erleichtert fuhren wir los, und traten die finale Etappe unserer Reise an.

Unser Weg führte uns aus dem Park heraus, und dann direkt auf den Highway in Richtung Los Angeles. An der Einmündung liegt der kleine Ort Baker, wo wir eine seltsame Begegnung der dritten Art hatten. Direkt an der Straße lag ein Gebäude, welches mit zahlreichen Aliens dekoriert war. Unter anderem parkte vor dem Eingang eine Mischung aus Auto und UFO, welches voll mit lebensgroßen Puppen in Form von Außerirdischen war. Dass dieser Laden oder was auch immer es war, der eher nach Rachel gepasst hätte, natürlich sofort meine volle Aufmerksamkeit hatte, versteht sich von selbst. Da man von außen nicht durch die Fenster schauen konnte, gingen wir kurzerhand hinein. Und auf einmal war ich im Paradies. Es handelte sich tatsächlich um ein Gechäft, in dem alle möglichen und unmöglichen Artikel zu den Themen Science Fiction und Film im Allgemeinen erhältlich waren. Wir verbrachten eine ganze Weile hier, und ich ließ mich von Dani neben einem „Mr Spock“ Pappaufsteller fotografieren. Da es hier jedoch so viel verschiedenes zu kaufen gab, konnte ich mich aber nicht für irgend etwas spezielles entscheiden, und so zogen wir mit leeren Händen wieder weiter.

Wie schon zwei Jahre zuvor, wollten wir die Nacht in der Kleinstadt Barstow verbringen, welche vor den Toren der Filmmetropole liegt. Kurz vor Barstow, das wussten wir noch, liegt das „Peggy Sue's 50's Diner“, ein Restaurant, das mit seiner Einrichtung und seinem Essen die 50er Jahre wieder aufleben lässt. Hier machten wir selbstverständlich wieder Halt, und stärkten uns mit einem Burger und zum Nachtisch einem Milchshake. Anschließend stöberten wir noch ein wenig im angrenzenden Souvenirladen, und fuhren dann weiter.

In Barstow fiel die Entscheidung auf eine Unterkunft der Kette „Motel 6“, mit der wir bisher nur gute Erfahrungen gemacht hatten. Auch hier gab es wieder einen Pool, den wir eine Weile lang nutzten, obwohl wir, zumindest anfangs, nicht allein waren. Unser Zimmer war recht klein, was mich ein wenig störte. Aber es war ja nur für eine Nacht.

Kapitel 11 – Parkplatzsuche in L.A.

Der heutige Tag war der 4. Juli, also der Nationalfeiertag in den USA! Irgendwie schafften wir es auch immer, an Feiertagen hier zu sein, letztes Mal war dies der „Labor Day“ Anfang September gewesen. Auch an diesem Morgen gab es für uns kein Frühstück, denn unmittelbar nach dem Aufstehen fuhren wir zum letzten Mal eine Tankstelle an, und brachen dann nach Los Angeles auf. Der Vormittag war für die Fahrt von ungefähr 180 Kilometern verplant. Einmal in der Stadt, wollte ich dann als erstes einen kurzen Abstecher zum Hollywood Boulevard machen, wo sich der berühmte „Walk of Fame“ befindet, also die Straße, auf deren Bürgersteig die Sterne der Berühmtheiten eingelassen sind. Der Schauspieler Neil Patrick Harris, der den zuvor schon erwähnten Barney Stinson verkörpert, hatte nämlich erst ein halbes Jahr zuvor seinen eigenen Stern bekommen, und ich wollte es mir natürlich nicht nehmen lassen, hier ein Foto zu machen. Die genaue Adresse hatte ich auch schon herausgesucht, und so konnten wir uns direkt dorthin navigieren lassen.

Als wir so unterwegs waren auf dem Highway in Richtung Westen, und schon die ersten Gebäude von Los Angeles sahen, fiel mir ein, dass wir in noch keinem Walmart gewesen waren. Ich wollte jedoch unbedingt noch in einen Supermarkt dieser großen Kette gehen, um mich wieder mit günstiger Wäsche und Socken einzudecken. Da unsere restliche verbleibende Zeit in den USA immer knapper wurde, blieben uns nicht mehr viele Möglichkeiten hierfür.

Also gab Dani als Zwischenziel in unserem Navi den nächstgelegenen Walmart ein, und schon bald standen wir auf dem riesigen Parkplatz vor dem Markt. Meine Befürchtung, dass dieser wegen dem Feiertag geschlossen haben würde, stellte sich als falsch heraus. Wir kaufen also einige Dinge ein, unter anderem das Essen für die nächsten Tage, und für mich einige T-Shirts und Unterhosen.

Dann setzten wir unseren Weg zum Hollywood Boulevard fort. Die Autobahn führte uns nun durch „Downtown", also die Innenstadt und das Bankenviertel von L.A., vorbei an vielen Wolkenkratzern und beeindruckenden Gebäuden. Und schon bald zeigten uns Schilder, dass wir nicht mehr weit weg waren von unserem Ziel: dem Stadtteil Hollywood! An der besagten Straße angekommen, stellten wir unseren Wagen einfach an der Seite ab, und gingen ein Stück zu Fuß, denn unser Navi zeigte uns an, dass wir bereits ganz nah dran waren. Ich sah die ersten Sterne, und mich überkam erneut dieses ehrfürchtige Gefühl, mit dem Wissen im Kopf, dass hier täglich die Stars aus Film und Fernsehen verkehrten. Zwei Querstraßen weiter fand ich dann endlich das, wonach ich suchte: „Barneys“ Stern! Dani machte nun eine ganze Reihe Fotos von mir, und als ich zufrieden war, traten wir den Weg zurück zum Auto an. Gern wäre ich hier noch eine Weile herumgeschlendert, doch wir waren uns nicht sicher, ob wir nicht im Parkverbot standen, und gingen deshalb lieber auf Nummer Sicher. Ganz in der Nähe fanden wir schließlich ein „Jack in the Box“ Restaurant, was wir nutzten, um erst einmal eine wohlverdiente Mittagspause einzulegen.

Das Hotel, welches wir bereits vorab gebucht und bezahlt hatten, hieß „Venice on the Beach“. Wie eingangs schon erwähnt, hatte es uns ein Bekannter vorgeschlagen, der hier auch schon genächtigt hatte. Es ist direkt am Strand gelegen, und war deshalb auch relativ teuer, doch das war es uns wert. Schließlich wollten wir noch ein paar Tage ausspannen von den Anstrengungen unserer bisherigen Reise und keine wertvolle Zeit damit verschwenden, jedes Mal einen Parkplatz suchen zu müssen, um an den Strand zu kommen.

Da wir gerade mitten in Hollywood waren, mussten wir noch eine Strecke von ungefähr 25 Kilometern zurücklegen, um nach Venice zu kommen, welches ebenfalls ein Stadtteil von Los Angeles ist. Unser Weg führte uns über eine von Palmen gesäumte Straße durch ein Villenviertel und über den Santa Monica Boulevard, vorbei an vielen noblen Anwesen, wo sicherlich der eine oder andere Star sein Zuhause hat. Je weiter wir in Richtung Strand vordrangen, desto belebter wurden die Straßen. Schließlich befanden wir uns im Stop-and-go Verkehr auf dem Washington Boulevard, welcher direkt zum Meer führte. Wir waren unserem Ziel bereits sehr nahe, aber irgendwie doch so fern. Verkehrspolizisten auf den Straßen leiteten zudem den Verkehr teilweise um, da einige Straßen gesperrt zu sein schienen. Warum der ganze Trubel hier, fragten wir uns? Dann fiel es uns wie Schuppen von den Augen – heute war der größte Feiertag des Jahres in den USA, und wir waren in Los Angeles, der zweitgrößten Stadt, am berühmtesten Strand der Welt! Alle Feierwütigen des Landes würden heute hier sein. Mir wurde regelrecht schlecht bei der Vorstellung, in diesem Chaos einen Parkplatz an unserem Hotel finden zu müssen! Aber erst einmal galt es, überhaupt dorthin zu finden. Eine direkte Zufahrt war nämlich wegen der expliziten Strandlage des Hotels gar nicht möglich, und deshalb drehten wir ein paar unnütze Runden, bis wir unser Auto irgendwann einfach an einer Parallelstraße abstellten, und kurzerhand in die Richtung liefen, in der das Hotel liegen musste. Es war wie erwartet – überall liefen angetrunkene, in den USA-Nationalfarben gekleidete Menschen herum, und feierten ausgelassen. Kurz darauf standen wir vor dem Hotel, welches wegen seinem rosaroten Anstrich nicht zu verfehlen war. Ein Gespräch mit dem jungen Mann an der Rezeption brachte die erschreckende Wahrheit: die acht Parkplätze vor dem Hotel waren natürlich alle belegt, und da, wo wir jetzt standen, dürften wir auf keinen Fall stehen bleiben, andernfalls würden wir früher oder später abgeschleppt werden. Denn nur an farblosen Bordsteinen durfte man parken, Unserer jedoch war rot angemalt, und deshalb mussten wir schleunigst von hier verschwinden. Wir checkten jedoch zuvor noch kurz auf unserem Zimmer ein, und wenigstens diese Erkenntnis war positiv: es bot einen Blick auf das Meer, und war mit einem gemütlichen Bett, einem Flachbildfernseher und einem großen Kühlschrank auch sehr gut ausgestattet. Vorerst begaben wir uns nun aber zurück zu unserem Wagen, um uns auf die Suche nach einem Parkplatz zu begeben.

Die nächsten Stunden bestanden für uns daraus, ständig im Kreis zu fahren, und zwar jeweils den „Speedway", also die kleine Straße an der unser Hotel lag, entlang, dann abbiegen auf den Pacific Drive, welcher die Parallelstraße war, ständig auf der Suche nach einem Bordstein, der nicht in irgendeiner Farbe gestrichen war, oder in der Hoffnung, dass sich vor dem Hotel eine Lücke auftun würde. Dabei mussten wir höllisch aufpassen, denn die Straßen waren voll mit alkoholisierten Fußgängern, und auch die ab und zu auftauchenden Polizeistreifen zu Pferd stellten Hindernisse dar. Wir weiteten unseren Radius immer mehr aus, und zum Schluss hätten wir sogar eine Strecke von fast einem Kilometer zu Fuß zum Hotel in Kauf genommen. Irgendwann, es ging schon eine Weile so, brachte ich wenigstens schon einmal unser Gepäck aufs Zimmer, während Dani draußen mit laufendem Motor in zweiter Reihe stehend wartete. Oben stellte ich fest, dass unser Kühlschrank nicht funktionierte. Um dieses Problem würden wir uns jedoch später kümmern müssen. Unsere Laune verschlechterte sich stetig, und sie wurde nicht besser, als die Tankleuchte anging. Das hieß, wir waren so viel herum gefahren, dass wir, obwohl wir es nicht geplant hatten, gezwungen waren, noch einmal ein paar Liter einzufüllen.

So fuhren wir also zur nächsten Tankstelle, und tanken zähneknirschend für einige Dollar. Zurück auf dem Pacific Drive, es war mittlerweile fast dunkel, sahen wir das, womit wir fast nicht mehr gerechnet hätten – eine Parklücke! Sie war zwar nicht sehr groß, und wir mussten eng an das nächste Auto heranfahren, um nicht eine Einfahrt zu blockieren, aber es war eine Parklücke! Beide wir von Sinnen, freuten wir uns wie kleine Kinder. Schnell gingen wir zum Hotel, und begaben uns endlich auf unser Zimmer. Auch Dani brachte den Kühlschrank nicht zum Laufen. Wir waren jedoch darauf angewiesen, da wir einige Speisen und Getränke dabei hatten.

Mittlerweile hatte ein anderer Mann, ein hagerer aber sympathischer Typ mit Brille, die Schicht an der Rezeption, und diesem klagte ich noch einmal mein Leid bezüglich der Parkplatzsuche, und wegen des kaputten Kühlschranks. Wegen ersterem konnte er lediglich sein Bedauern zum Ausdruck bringen. Der Kühlschrank jedoch würde sofort morgen früh ausgetauscht werden, und bis dahin dürften wir unsere Sachen in den großen Kühlschrank im Lagerraum des Hotels bringen. Das war eine durchaus verträgliche Lösung, mit der wir gut leben konnten.

Der Fernseher verfügte über eine sehr große Anzahl an Sendern. Für uns war aber im Moment nur AMC wichtig. Auf diesem lief nämlich zufälligerweise am gesamten Wochenende ein Special unserer Lieblingsserie „The Walking Dead“ mit sämtlichen bisher erschienenen Episoden sowie Interviews mit den Darstellern. Wir hatten die Werbung hierfür einige Tage zuvor schon gesehen, und uns bereits die ganze Zeit darauf gefreut. Unsere Abende waren also schon einmal verplant!

Nach dem Essen, welches wir wieder einmal auf dem Bett sitzend zu uns nahmen, war das Anschauen unserer Serie dann auch das einzige, zu dem wir heute noch imstande waren. Erschöpft von dem anstrengenden Tag und der kräftezehrenden vierstündigen Parkplatzsuche, fielen wir schon bald in einen tiefen Schlaf. Von draußen waren noch immer die Geräusche der feiernden Menschen, sowie ab und zu Feuerwerk und das Rauschen des Ozeans zu hören.

Kapitel 12 – Sommer, Sonne, Strand

Venice ist der englische Name für Venedig, und das nicht ohne Grund. Zahlreiche kleine Kanäle ähnlich gebaut wie im italienischen Vorbild geben dem Stadtteil seinen Namen. Ohne Frage, dieses Highlight würden wir uns auf keinen Fall entgehen lassen. Bereits gestern auf unserer Suche nach einem Parkplatz hatten wir unfreiwillig mehrmals die kleinen Brücken überquert, welche die Kanäle überspannen. Jedoch konnten wir uns zu diesem Zeitpunkt noch nicht an deren Schönheit erfreuen.

Deswegen stand einer der Programmpunkte für den heutigen Tag bereits fest. Weiterhin wollten wir noch ausgiebig den Strand und die Promenade erkunden, sowie natürlich ein Bad im Pazifik nehmen.

Ein Blick nach draußen zeigte uns, dass nun sogar zwei Parklücken vor dem Hotel frei waren. Wir schauten uns an - und rannten mit unseren Flip Flops wie verrückt los, zu unserem Auto, welches ja eine Straße weiter, circa 300 Meter entfernt, abgestellt war. Es stand auch noch da, war unversehrt, und ohne Strafzettel. Jetzt hieß es keine Zeit zu verlieren. Wir stiegen ein, ich ließ den Motor an, und quasi mit quietschenden Reifen fuhren wir zurück zum Hotel. Als wir um die Ecke bogen, sahen wir, dass die zwei Parkplätze noch immer unbelegt waren. Das war unsere Rettung – endlich konnten wir vor dem Hotel parken!

Das nun folgende Frühstück hatten wir uns wohl verdient. Es war im Zimmerpreis inbegriffen, lief jedoch nicht in der bekannten Form ab. In Ermangelung eines Frühstücksraumes musste sich jeder Gast an einer Art Theke im Flur des ersten Stocks sein Essen selbst holen, um es dann im Zimmer zu verspeisen. Dies war etwas ungewohnt, machte uns aber aufgrund der Fülle der angebotenen Speisen nichts aus. Nachdem wir uns also mit Kaffee, Bagels und Müsli gestärkt hatten, konnte unsere erste Erkundungstour losgehen. Der große Vorteil des Hotels ist wirklich seine einmalige Lage. Man tritt aus dem Gebäude heraus, überquert die Promenade, und spürt schon den Sand unter seinen Füßen.

Das Klima, das merkten wir sehr schnell, unterschied sich übrigens wesentlich von dem bisher gewohnten in der Wüste. Durch die Nähe zum Meer herrschte ein angenehm kühler Wind bei ungefähr 25 Grad Celsius, was jedoch völlig ausreichte. Glücklicherweise war meine Erkältung mittlerweile fast verschwunden, so dass ich wenigstens diese letzten Tage noch voll genießen konnte. Wir gingen natürlich als erstes geradewegs auf den Ozean zu, und ließen die Brandung unsere Beine umspülen. Auch das Wasser hatte eine durchaus angenehme Temperatur, und war sicherlich nicht viel kälter, als die umgebende Luft.

Links von uns ging eine lange Pier bis tief ins Meer hinein, und auf dieser liefen wir einmal bis an den vorderen Rand. An der Brüstung standen viele Angler, die sicher alle auf einen guten Fang hofften. Die Holzplanken, über die wir liefen, waren schmutzig, und rochen nach Fisch. Eine Weile standen wir einfach nur da, und blickten über das Meer, das in rauschenden Wogen immer wieder gegen die Pier schlug. Gelegentlich sahen wir am Himmel ein Flugzeug m Landeanflug, denn der Flughafen war nicht weit entfernt von hier.

Wir setzten unseren Weg am Strand entlang fort. Über unseren Köpfen krächzten ein paar Möwen, und alle hundert Meter stand am Strand ein Holzturm für Rettungsschwimmer - so kam echtes „Baywatch"-Feeling auf! Und das zu recht, wurde hier doch ein Großteil der berühmten Serie mit David Hasselhoff gedreht. Unterwegs sahen wir viele Muscheln, und Seevögel, die auf der Jagd nach Beute waren. Noch waren nicht viele Menschen unterwegs, denn es war noch recht früh, und die meisten hatten wohl gestern Nacht zu lange gefeiert. Diese Gelegenheit nutzte ich, um auf einen unbesetzten Rettungsschwimmerturm zu klettern. Dort musste Dani mich in einigen typischen Posen fotografieren. Anschließend hielt ich es nicht mehr länger aus, und lief kurzerhand ins Wasser. Ich war überrascht, welche Kraft die Brandung doch hatte, und schwamm deshalb nicht allzu weit hinaus. Dani hatte keine Lust, und so wartete sie bei unseren Sachen, bis ich meine Planscherei beendet hatte. Wir hatten keine Handtücher dabei, und so musste ich mich von der Sonne trocknen lassen. Kurze Zeit später bekam ich am ganzen Körper einen roten ekzem-artigen Ausschlag. Dies war mir bei einem früheren Urlaub in Tunesien nach dem Bad im Meer schon einmal so gegangen, damals dachte ich jedoch, es wäre eine einmalige allergische Reaktion. Nun jedoch wurde ich bestätigt, dass ich wohl das Salzwasser in Kombination mit dem Sand nicht vertrug. Ich zog daher mein T-Shirt wieder an, und da wir sowieso am Ende des Strandes angelangt waren, gingen wir in die entgegengesetzte Richtung wieder zurück.

Im Hotelzimmer duschten wir kurz, machten uns frisch, und begaben uns dann auf den Weg in Richtung der Kanäle, die nicht weit hinter dem Haus begannen. Sie waren wunderschön angelegt, und zusammen mit den grün bewachsenen Ufern und den kleinen Häuschen ergab sich ein sehr stimmungsvolles, ja romantisches Bild. Immer wieder führten kleine Brücken mit geschwungenen Geländern über das Wasser, und wir nutzten dies, um wieder und wieder die Seite zu wechseln, und auch die abbiegenden Kanäle anzuschauen. Viele der Anwohner hatten wirklich toll dekorierte Gebäude errichtet, von Fachwerkhäusern bis hin zu modernen Bauten und richtigen kleinen Schlössern gab es fast alles. Ein Grundstück hier inklusive Haus musste ein Vermögen kosten!

Da wir langsam Hunger bekamen, suchten wir auf dem Rückweg nach einem geeigneten Restaurant, und wurden direkt am Washington Boulevard, also der Straße, auf der wir gestern her gefahren waren, bei einem Italiener fündig. Dani hatte sich für dafür entschieden, endlich auch einmal das typisch amerikanische Gericht Spaghetti mit Fleischbällchen zu probieren, und ich freute mich auf eine Pizza. Leider war jedoch laut dem Kellner gerade der Teig hierfür ausgegangen, deshalb griff ich auf meine zweite Wahl zurück, eine Lasagne. Dies war jedoch ein sehr guter Ersatz, wie ich beim Essen feststellte.

Anschließend gingen wir wieder zum Hotel, um uns auf der Terrasse ein wenig auszuruhen. Hier konnte man bequem sitzen, und den Menschen auf der Promenade zuschauen. Den Abend verbrachten wir wie schon am Tag zuvor damit, „The Walking Dead“ anzuschauen, und unser bewährtes Picknick auf dem Bett abzuhalten. Der Kühlschrank war übrigens in unserer Abwesenheit ausgetauscht worden, und der neue funktionierte absolut perfekt!

***

Den nächsten Tag, unseren leider letzten vollständigen in den USA, begannen wir genauso wie den vorherigen, mit einem ausgiebigen Frühstück. Jetzt waren wir ja bestens mit dem Ablauf vertraut.

Unser erster Weg führte uns erneut zum Strand, diesmal jedoch nicht nach links, sondern nach rechts. Auch hier spazierten wir halb im flachen

Wasser, halb im Sand ein ganzes Stück, bis wir am Horizont etwas erblickten, das ohne Zweifel ein Freizeitpark sein musste, inklusive Riesenrad.

Es stellte sich heraus, dass wir so weit gelaufen waren, dass wir nun nicht mehr in Venice, sondern am berühmten Santa Monica Pier waren, und dies der „Pacific Park" war. Da wir nicht viel Bargeld dabei hatten, musste eine Fahrt im Riesenrad leider ausfallen. Wir flanierten jedoch durch den Park, der zusätzlich noch mehrere Karussells, Geschäfte und weitere Attraktionen enthielt.

Mein Highlight in diesem Park war jedoch weder Karussell noch Riesenrad, sondern eine Arcade! Diese klassischen Spielhallen mit den verschiedensten Automaten waren in den 70er und 80er Jahren, als noch nicht jeder einen Computer daheim hatte, das Mekka für Videospiele. Heute sind sie jedoch fast ausgestorben, in Deutschland gibt es sie faktisch nicht mehr. Und ich hatte nun eine in Los Angeles entdeckt! Ich freute mich wie ein kleines Kind, da ich viele der Automatenspiele aus meiner Kindheit kannte, zum Beispiel „Street Fighter II", „Mortal Kombat" und „Donkey Kong". Der größte Klassiker war jedoch ohne Zweifel „Pacman", und so spielte ich gleich einmal ein paar Runden. Da es auch einige Air Hockey Tische gab, duellierte ich mich mehrmals mit Dani. Ich konnte mir jedoch lediglich ein Unentschieden erkämpfen.

Den Rückweg wollten wir vom Strand an die Promenade verlegen, um ein wenig Abwechslung zu haben. Vorher ging ich jedoch noch einmal kurz ins Wasser, immerhin würde es wahrscheinlich das letzte Mal auf absehbare Zeit sein, dass ich im Pazifik baden konnte. Dieses Mal bekam ich zum Glück keinen Ausschlag mehr.

An der Promenade kamen wir dann vorbei an zahlreichen Souvenirshops, und Dani kaufte sich in einem von ihnen noch ein T-Shirt. Auf unserem weiteren Weg sahen wir viele Stände, skurrile Gestalten und Horden von fitnessverrückten Menschen. Nicht umsonst wird dieses Strand auch „Muscle Beach" genannt – die Themen Körperkult sowie „sehen und gesehen werden" spielen hier eine große Rolle!

Unser Hunger trieb uns dann wieder zum schon von gestern bekannten italienischen Restaurant. Und auch dieses Mal hatten sie sogar Pizza-Teig!

Wir waren heute wirklich viel gelaufen, und dementsprechend erschöpft ließen wir den Tag mit einer kalten Cola auf der Terrasse ausklingen, bevor wir uns auf unser Zimmer begaben. Wir hatten uns auch beide, das stellten wir fest, einen ordentlichen Sonnenbrand eingefangen, trotz regelmäßigem Eincremen.

Ein wenig wehmütig machten wir uns daran, unsere Koffer schon ein wenig zu packen, um am morgigen Abreisetag nicht mehr viel machen zu müssen. Nach einem kleinen Abendimbiss legten wir uns dann aufs Bett, und schauten fern.

Als es schon dunkel war, erregte ein Helikopter unsere Aufmerksamkeit. Er kreiste stetig tief über dem Strand, und suchte mit einem Scheinwerfer scheinbar die Wasseroberfläche ab. Hinzu kamen einige Polizeiwagen mit Blaulicht und Sirene. Wir konnten uns nicht erklären, was da draußen vor sich ging. Suchten die einen entlaufenen Verbrecher? Die Situation kam uns vor, wie in einem schlechten Kriminalfilm. Es hatte sich auch schon eine Menschentraube gebildet, die das Spektakel beobachtete. Am liebsten wäre ich hinaus gegangen und hätte mich zu ihnen gesellt. Dani hatte jedoch Angst, dass es sich wirklich um einen Psychopathen handelte, und so bat sie mich, doch bitte im Zimmer zu bleiben.

Irgendwann waren dann der Hubschrauber, und auch die Autos und Schaulustigen weg, und es kehrte wieder Ruhe ein. Es dauerte dann nicht mehr lange, und wir waren eingeschlafen.

Kapitel 13 – Die Heimreise

Der letzte Tag unserer Flitterwochen war angebrochen. Der Heimflug würde das spannendste sein, was wir heute erleben würden. Und wir mussten uns wohl nun endgültig von den USA verabschieden. Wir hatten alle Lücken, die noch vom letzten Urlaub geblieben waren, geschlossen, der Südwesten war nun hinreichend erkundet.

Unser Flugzeug würde erst um kurz vor 14 Uhr gehen, deshalb mussten wir uns keinen Stress machen. Nach dem Frühstück und Checkout bat ich Dani deshalb, noch ein letztes Mal an den Strand zu gehen, auf dem Pier entlang bis zu seiner vorderen Spitze. Auch heute waren wieder viele Angler anwesend. So standen wir kurz zusammen an der Brüstung, und nahmen Abschied vom Meer, Abschied von Los Angeles, Abschied von den USA, bevor wir zum Auto gingen, um zum Flughafen aufzubrechen.

Von der Mietwagenrückgabe fuhr uns ein Shuttlebus zum Abflugterminal, das kannten wir noch vom letzten Mal. Beim Scannen der Koffer gab es noch einmal eine kurze Aufregung, vermutete das Flughafenpersonal doch, dass wir eine gefährliche Substanz dabei hatten. Es stellte sich jedoch heraus, dass es sich dabei um meinen Erdnussbutter-Traubengelee-Mix handelte.

In einem Geschäft am Flughafen kaufte ich mir dann noch meine Reiselektüre, da ich das mitgenommene Buch von Stephen King bereits seit längerem durch hatte. Es handelte sich um den halbdokumentarischen Roman „World War Z", in dem es um den Krieg zwischen Zombies und Menschen geht, und dessen Verfilmung gerade in den Kinos war.

Unser Flug war erneut kein Direktflug nach München, sondern wir müssten in Amsterdam umsteigen. Da wir vom Hinflug in dieser Hinsicht noch einiges gewohnt waren, machte uns dies jedoch wenig aus. Die zehn Stunden im Flieger verliefen relativ ereignislos. Schlafen konnten wir beide nicht wirklich viel, deshalb nutzten wir wieder das reichhaltige Angebot an Filmen. So schaute ich mir „Life of Pi" und „The Last Stand" mit Arnold Schwarzenegger an. Zwischendurch gab es wieder die üblichen zwei Mahlzeiten, und als wir schlussendlich in Amsterdam ankamen, war es bedingt durch Flugzeit und Zeitverschiebung mittlerweile Montag morgen.

Durch diesen kurzen Aufenthalt konnten wir die Niederlande nun auf unserer Liste der von uns besuchten Länder eintragen, auch wenn wir nicht besonders viel davon mitbekamen. Diverse Geschäfte am Flughafen, in denen Käse und die typischen Holzclogs verkauft wurden, zeigten uns jedoch deutlich, wo wir uns gerade befanden.

Wir mussten nur kurz im Wartebereich unseres Terminals Platz nehmen, bevor es dann weiter ging mit der Maschine in Richtung München. Dieser Flug dauerte noch eine gute Stunde, und diese Zeit verging im wahrsten Sinne des Wortes wie im Flug. Als wir endlich wieder deutschen Boden unter den Füßen spürten, waren wir angenehm überrascht: es war genauso warm, wie in Los Angeles. Somit würden wir zumindest mit dieser Umstellung keine Probleme haben.

Unsere Koffer hatten wir relativ schnell auf dem obligatorischen Fließband gefunden, und als wir in die Wartehalle traten, sahen wir auch schon Danis Eltern, die uns genau wie beim letzten Mal abholten, um uns von München nach Hause zu fahren. Glücklich fielen wir uns in die Arme.

Es gab eine ganze Menge zu erzählen, doch unter die Wiedersehensfreude mischte sich unverkennbar auch eine gehörige Portion Wehmut.

Goodbye, America!

www.ingramcontent.com/pod-product-compliance
Ingram Content Group UK Ltd.
Pitfield, Milton Keynes, MK11 3LW, UK
UKHW020220250726
13967UKWH00001B/112

9 781291 693980